| 디모데후서 강해집 |

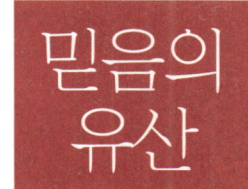

믿음의
유산

디모데후서 강해집
믿음의 유산

2016년 1월 12일 초판 3쇄발행

지은이 | 김서택
펴낸이 | 박영호
펴낸곳 | 도서출판 솔로몬

주소 | 서울시 동작구 사당 3동 207-3, 신주빌딩 1층
전화 | 599-1482
팩스 | 592-2104
직영서점 | 596-5225

등록일 | 1990년 7월 31일
등록번호 | 제 16-24호

ISBN 978-89-8255-407-0

ⓒ 2007 김서택

이 출판물은 저작권법에 의해 보호를 받는 저작물이므로
무단 전재와 무단 복제를 할 수 없습니다.

| 디모데후서 강해집 |

믿음의 유산

김서택 지음

솔로몬

contents

■ **서문** – 믿음의 유산　06

■ **01** _ 위대한 영적 자산(딤후 1:1-18)　**12**

　생명의 약속　　　　　　　　　　　　　15
　디모데의 영적인 재산　　　　　　　　17
　디모데의 자신감의 회복　　　　　　　24

■ **02** _ 그리스도인의 성공 비결(딤후 2:1-13)　**28**

　그리스도인의 성공 조건　　　　　　　31
　말씀의 종의 자세　　　　　　　　　　35
　예수님의 씨 뿌림　　　　　　　　　　40

■ **03** _ 그리스도인의 준비(딤후 2:14-16)　**44**

　하나님의 말씀에 대한 분별력　　　　　45
　깨끗한 그릇으로 준비하라　　　　　　54
　다른 사람에 대한 온유한 자세　　　　56

■ 04 _ 진리의 가치(1) (딤후 3:1-9) **60**

특별한 시대   62
믿지 않는 사람들의 특징   67
진리를 대적하는 자들   71

■ 05 _ 진리의 가치(2) (딤후 3:8-17) **76**

영적인 암초를 이기는 법   80
성령의 능력이 나타남   82
말씀의 보화   86

■ 06 _ 말씀의 종의 사명 (딤후 4:1-22) **91**

목회자의 사명   93
목회의 암초   100
사도 바울의 결산   105

서문

믿음의 유산

옛날 아브라함의 집에는 위대한 유산이 상속되고 있었습니다. 그 유산은 단순한 돈이나 권력이 아니라 모든 사람을 축복하고 살릴 수 있는 하나님의 복이었습니다. 그런데 이 복이 모세와 다윗과 여러 선지자들의 시대를 거치고 예수님을 거치면서 눈덩이처럼 커져서 그야말로 어마어마하게 큰 복이 되었습니다. 그러나 우리는 너무나도 미련하여서 이 엄청난 복은 깨닫지 못하고 여전히 세상 사람들과 우리 자신을 비교하면서 열등감과 패배의식에 빠지기도 하는 것을 볼 수 있습니다.

하나님께서는 하늘의 어마어마한 복을 다 싸가지고 성경책 안에 다 넣어서 주셨습니다. 우리 믿는 자들이야말로 이 세상에서 가장 복받은 사람들이며 어마어마한 축복을 유산으로 물려 받은 사람들입니다.

디모데는 외할머니 로이스와 어머니 유니게로부터 거짓 없는 성경적인 신앙을 물려 받은 사람이었습니다. 그리고 사도 바울로부터 가장 성경적인 신학을 물려 받은 자였습니다. 그럼에도 불구하고 그는 자기 자신의 가치를 잘 깨닫지 못하고 심한 열등감과 영적 침체에 빠져 있었습니다.

그래서 사도 바울은 이 디모데 후서를 통해서 디모데에게 거짓 없는 성경적인 신앙의 가치가 얼마나 엄청난 것인지 깨닫게 해주고 있습니다.

우리가 세상의 좋은 것을 아무리 많이 가진다 하더라도 하나님을 움직일 수 없다면 그 좋은 것들은 모두 다 죽은 복밖에 되지 않는 것입니다 이 세상에서 하나님을 움직일 수 있는 것은 오직 성경적인 믿음 밖에 없습니다.

오늘 우리 시대를 성찰해 보면, 우리 믿음의 지도자들이 너무나도 바벨론적인 세상의 영광과 세상적인 성공을 따라가고 있는 것을 목도하게 됩니다. 이런 현실을 보면 정말 성경적인 신앙은 거의 설 땅이 없어지는 것을 느끼게 됩니다.

우리 목회자들과 성도들은 더 이상 하나님을 무시하는 교만한 바벨탑을 쌓는 일을 해서는 안되겠습니다. 우리는 다시 한번 이

거짓 없는 성경적인 신앙을 붙들고 진정한 부흥을 일으키는 믿음의 역군들이 되어야 하겠습니다.

　마지막으로 이 책을 출판하여 많은 목회자들과 성도들과 영적인 양식을 나눌 수 있게 해 주신 솔로몬 출판사 대표 박영호 집사님과 편집부 직원들에게 감사를 드립니다. 그리고 저의 설교를 듣기 위하여 만사를 제치고 예배당으로 달려오신 대구 동부교회 성도들에게 진심으로 감사를 드립니다.

대구 수성교옆에서
김서택 목사

모든 성경은 하나님의 감동으로 된
것으로 교훈과 책망과 바르게 함과
의로 교육하기에 유익하니

디모데후서 3:16

| 디모데후서 강해집 |

믿음의 유산

HERITAGE OF FAITH

01
위대한 영적 자산
딤후 1:1-18

저는 언젠가 아버지로부터 '나는 너희 할아버지로부터 아무 것도 물려받은 것이 없다고 생각했는데 곰곰이 생각해보니까 탁월한 건강은 물려받은 것 같다'는 말씀을 들은 기억이 있습니다. 우리는 누구나 부모로부터 물질적인 유산을 물려받든지 아니면 정신적인 유산을 물려받습니다. 아무리 부모로부터 물려받은 것이 없다고 하더라도 우리는 무엇인가는 물려받은 것이 있는 것입니다. 그러나 제 생각으로는 돈을 물려받는 것보다는 머리를 물려받는 것이 낫고 머리를 물려받는 것보다는 위대한 정신이나 사상을 물려받는 것이 더 가치가 있다고 생각합니다. 그러나 부모로부터 물질적인 유산이나 탁월한 두

뇌를 물려받는 것보다 더 가치 있는 것이 있다면, 그것은 아마도 부모로부터 위대한 신앙이나 사상을 물려받는 것일 것입니다.

디모데는 사도 바울의 1차 전도여행 때 루스드라에서 은혜를 받고 예수를 믿는 제자가 된것 같습니다. 아마 디모데는 사도 바울이 돌에 맞아서 죽었다가 다시 살아나는 모습을 생생하게 보았을 것입니다. 그리고 사도 바울이 2차 전도여행 때 다시 루스드라에 들렀을 때 이미 디모데는 훌륭한 크리스천으로 성장해 있었습니다. 그래서 그때부터 사도 바울은 디모데를 데리고 다니면서 복음 전도의 동역자로 함께 사역을 했는데 거의 사도 바울의 오른팔과 같이 사도 바울을 섬겼던 것을 볼 수 있습니다. 사도 바울은 자기가 꼭 가야 하는데 도저히 갈 수 없을 때 디모데를 보내었고 디모데는 그곳의 문제를 성경적으로 잘 처리하곤 했습니다. 또 사도 바울이 여러 곳에 편지를 보낼 때에도 디모데의 이름이 사도 바울과 함께 나란히 기록될 정도로 아주 중요하게 사용되었던 사람인 것을 알 수 있습니다.

그러나 디모데는 사도 바울과는 달리 약한 부분이 있었습니다. 그것은 디모데가 사도 바울이 강하게 서서 일을 맡겨주면 잘 하는데 의지적으로 약한 것이었습니다. 사도 바울은 루스드라에서 돌에 맞아 죽었으면서도 다시 일어나서 하나님의 말씀을 전한 사람이 되었지만, 디모데는 사도 바울 같은 그런 강한 의지가 좀 부족했던 것 같습니다. 그래서 사도 바울이 로마에 있는 감옥에 수감이 되어서 처형되는 것이 임박해졌을 때 디모데는 굉장히 두려워하고 울기도 하고 약한 마음을 가지게 된 것 같습니다. 사실 사도 바울은 율법적으로나 세상적으로 공부를 굉장히 많이 한 사람이었습니다. 그래서 사도 바울은 어느 누구와 붙어도 논리적으로 꿀릴 것이 없는 사람이었습니다. 그러나 디모데는 그렇게 공부를 많이 한 것 같지도 않고 어머니나 할머니 혹은 사도 바울로부터 배운 성경적인 지식이 거의 전부였던 것 같습니다. 그런데 그 때는 이미 성경적인 지식은 거의 지식으로 인정을 해주지 않는 분위기였던 것 같습니다. 그래서 디모데는 사실 인간적으로 다른 사람들에게 내어놓을 만한 것이 별로 없는 사람이었습니다. 사도 바울은 인간적으로도 아주 똑똑하고 학식도 많고 의지적으로도 분명한 사람이었지만 디모데는 순수한 성경적 신앙과 눈물밖에는 내어놓을 것이 없는 사람이었습니다. 그래서 사도 바울은 디모데에게 편지를 쓰기를 거짓 없는 성경적인 신앙이야말로 얼마나 엄청난 신앙적인 유산인지 깨닫고 용기를 내어서 다시 복음의 부르심의 사명을 위해서 일어서라고 명령을 하고 있는 것입니다.

우리는 흔히들 디모데후서를 사도 바울이 기록한 임종서신이라고 말을 합니다. 그만큼 복음의 세계에 있어서는 큰 위기를 맞고 있었습니다. 그동안 꿋꿋하게 진리를 지켰던 사도들은 하나씩, 하나씩 다 죽어갔고 이제는 마지막 대들보였던 사도 바울의 죽음도 임박해가고 있습니다. 이때 디모데는 사도 바울 없이 혼자의 힘으로는 이 복음 사역을 도저히 감당할 자신이 없어서 이제 말씀의 부르심을 포기하고 그냥 어디 숨어 버릴까 생각할 정도로 침체되어 있고 두려워하고 있는 중에 있었습니다. 이때 사도 바울은 특별히 사랑하는 영적인 아들 디모데에게 편지를 보내어서 그가 얼마나 중요한 사람이며 그가 가지고 있는 영적인 자산이 얼마나 크고 중요한 것인지 다시 상기시켜주고 있는 것입니다.

생명의 약속.

디모데는 사도 바울이 신앙 안에서 낳은 아들이었습니다. 그런데 지금 사도 바울은 처형을 앞두고 있기에 디모데는 도저히 자기 혼자서는 이 복음 사역을 감당할 자신이 없어서 침체되어 있었고 자신감을 잃고 있었습니다. 이런 약한 디모데를 사도 바울이 힘있게 붙들어 줄 수 있는 방법이 무엇일까요? 결국 사도 바울은 자기의 진심을 담은 편지를 디모데에게 보내기로 한 것입니다.

특히 이런 편지를 보낼 때에는 서두의 인사가 아주 중요합니다.

> "하나님의 뜻으로 말미암아 그리스도 예수 안에 있는 생명의 약속대로 그리스도 예수의 사도 된 바울은 사랑하는 아들 디모데에게 편지하노니 하나님 아버지와 그리스도 예수 우리 주께로부터 은혜와 긍휼과 평강이 네게 있을찌어다"(1-2절)

사도 바울은 디모데에게 '생명의 약속'이라는 말을 가장 먼저

강조하고 있습니다.

저희들이 어렸을 때 '이명래 고약'이라고 해서 유명한 고약이 있었습니다. 어렸을 때에는 몸이 불결해서 그런지 종기가 생길 때가 많았고 이런 종기가 생겨서 성을 내면 너무나도 아프고 고통스러웠습니다. 그런데 이 '이명래 고약'이라는 것을 사서 몸에 붙여 놓으면 놀라울 정도로 이 고약이 고름을 빨아들이면서 종기가 치료되었던 적이 많이 있었습니다. 이제는 그 고약의 인기가 많이 없어졌지만 언젠가 한번 신문을 보니까 그 집의 아들, 사위, 손자들이 대를 이어가면서 그 고약에 대한 사명을 유지하고 있는 것을 알게 되었습니다. 아마 그 집 식구들은 이 고약으로 사람들의 종기를 치료하는 것은 수입을 떠나서 우리 집안이 영원히 책임을 지는 사명이라고 생각을 하는 것 같습니다.

만약 많은 사람들이 죽을 수밖에 없는 무서운 질병들이 퍼져 있는데 그 병을 치료할 수 있는 유일한 기술을 어느 스승과 제자만 알고 있다고 합시다. 그러면 그 스승과 제자는 자기들에게 있는 그 치료 기술을 '생명의 약속'으로 생각할 것입니다. 이것은 수입을 떠나서 사람이 살고 죽는 문제가 달린 것이기 때문에 누가 알아주든지 알아주지 않든지 무조건 매달릴 것입니다. 만약 선생이 그 일을 하다가 죽으면 자기 제자에게 물려주고 그 제자도 늙어서 죽게 되면 자기 제자에게 물려주어서 어떻게 해서든지 사람들을 그 무서운 질병에서 살려 놓으려고 할 것입니다.

사도 바울은 자신과 디모데를 그런 관계에서 보았습니다. 지금

전 세계의 인류는 죄라고 하는 무서운 병에 걸려서 모두 시름시름 죽어가고 있습니다.

그런데 하나님께서는 유독 이 죄라는 병을 치료할 수 있는 기술을 사도 바울에게 맡기셨고 또 사도 바울은 그 기술을 디모데에게 전수를 해 준 것입니다. 그러나 이제는 세상이 더 악하게 되어서 아무도 이런 복음의 필요성을 인정하지 않으려고 하고 예전에 사도 바울에게 충성했던 사람들도 모두 등을 돌리고 있는 형편이었습니다. 이때 사도 바울은 설사 사람들이 우리가 지닌 이 엄청난 지식의 가치를 모른다고 하더라도 우리 자신이 이 생명의 진리를 포기할 수 없다는 결심을 한 것 같습니다.

하나님께서 우리에게 하나님의 말씀을 맡기신 것은 사실 하나님의 전 재산을 우리에게 다 맡기신 것이나 마찬가지입니다. 이 복음은 이 세상에서 유일한 '생명의 약속'입니다. 이 복음을 믿으면 반드시 죄를 이기고 자신의 가치를 되찾고 영생을 얻습니다. 그런데 세상이 악해져서 복음의 가치를 인정하지 않고 복음을 무시하고 업신여긴다고 해서 우리가 이 복음을 포기할 수는 결코 없습니다.

디모데의 영적인 재산.

사도 바울이 디모데후서를 쓰고 있을 때 디모데의 형편은 어떤 상태에 있었을까요? 틀림없이 디모데는 사업을 하다가 부도를 만난 사람의 심정이었을 것입니다. 그 이유는 그렇게 믿고 의지했던 영적인 아버지인 사도 바울이 로마 감옥에 갇혀서 거의 처형당할 것이 확실시되고 있었기 때문입니다. 거기에 비하여 디모데는 자기 것이라고 내어놓을 것이라고는 아무 것도 없는 철저한 빈털터리였던 것입니다. 이것에 대하여 디모데는 깊이 절망하고 있었습니다.

4절에 "네 눈물을 생각하여 너 보기를 원함은 내 기쁨이 가득하게 하려 함이니"라고 했습니다.

여기서 '네 눈물'이라고 하는 것은 사도 바울이 감옥에 갇히고 형편이 점점 어려워지고 있는 것에 대하여 디모데가 흘린 절망의 눈물을 말하는 것입니다. 디모데는 사도 바울이 무슨 큰 죄를 지은 것도 아니고 오로지 유대교와의 문제였기 때문에 사도 바울의 석방을 낙관적으로 생각을 했던 것 같습니다. 그래서 사도 바울이 지금은 일시적으로 붙잡혀 있으나 곧 풀려나서 다시 전 지중해를 다니면서 함께 복음을 전할 것을 기대를 하고 있었던 것입니다. 그러나 네로가 점점 기독교에 대하여 적대적이 되면서 사도 바울의 석방이 장기화되고 어려워지자 디모데는 마음이 아프기도 하고 낙심이 되기도 해서 많이 울었던 것 같습니다. 즉 이제는 복음의 좋은 시절도 다 끝났다는 식으로 생각을 한 것 같습니다.

거기에다가 디모데는 주님의 종으로 안수 받았던 사명까지 흔들리고 있는 형편에 있었습니다.

"그러므로 내가 나의 안수함으로 네 속에 있는 하나님의 은사를 다시 불일듯하게 하기 위하여 너로 생각하게 하노니"(6절)

디모데는 사역자로 부름을 받으면서 안수를 받았던 적이 있었습니다. 그 안수는 목회자로 그리고 복음전도자로 한 평생을 주님께 바치겠다고 서약을 하고 받은 것이었습니다. 그런데 사도 바울이 이 지경이 되니까 그 부르심까지 희미해지면서 그만 자신감을 잃어버리고 만 것입니다. 좌우간 디모데는 옛날에 안수를 받을 때 일어났던 뜨거운 감동을 잃어버린 것이 사실이었습니다.

대개 주님의 종이 부르심을 포기할 정도까지 낙심하게 될 때는 어떤 경우일까요? 아마 우선 아무리 사역을 해도 생각한 만큼 전도나 부흥의 열매가 없을 때 낙심하게 될 것입니다. 예를 들어서 개척 교회를 십년을 했는데도 교인들이 전혀 늘지 않고 언제나 얼마 되지 않는 그 사람으로 항상 고정적이거나 아니면 오히려 사람들이 더 줄어들어서 떠날 때 낙심을 하게 되어 있습니다. 아니면 핍박이나 고난이 너무 오래 계속되어도 낙심하게 될 것입니다. 예를 들어서 주위의 핍박이나 물질적인 어려움이 너무 오래 지속이 되면 사람은 지치게 되어 있습니다. 혹은 교회 안에서 대적하는 자가 있을 때 아주 힘이 들게 됩니다. 그래서 너무 스트레스를 받은 나머지 결국 이 복음 사역을 포기해버리고 다른 길을 가야하나

하는 생각을 하게 되는 것입니다.

그런데 디모데는 자기 자신에 대하여 너무나도 부정적인 평가를 내리고 있었습니다. 즉 디모데의 아버지는 헬라인인데 어머니는 유대인인 혼혈아였습니다. 그러니까 혈통적으로도 순수한 유대인도 아니고 그렇다고 해서 헬라인도 아니었습니다. 거기에다가 디모데는 세상 공부나 랍비의 신학 공부도 많이 한 것이 아니었습니다. 또한 집안에 돈이 많은 것도 아니고 세상적인 기술이나 명성이 있는 것도 아니었습니다. 디모데는 이제 자기 자신을 객관적인 눈으로 보니까 아무 것도 내어놓을 만한 것이 없었습니다. 그래서 디모데는 지금 자신의 심한 정체성의 혼란에 빠져 있는 것입니다.

이때 사도 바울은 디모데야말로 얼마나 중요한 사람인지 깨닫게 해주고 있습니다.

> "나의 밤낮 간구하는 가운데 쉬지 않고 너를 생각하여 청결한 양심으로 조상 적부터 섬겨 오는 하나님께 감사하고"(3절)

사도 바울이 밤낮으로 기도하는 가운데 쉬지 않고 디모데를 생각한다는 것은 디모데가 그만큼 중요한 사람이라는 것입니다. 우리가 다른 사람의 기도에서 항상 생각난다는 것은 결코 쉬운 일이 아닐 것입니다. 사도 바울만 해도 기도의 리스트가 있을 정도로 많은 사람들을 위하여 기도하고 있었습니다. 그런데 사도 바울이 밤낮으로 기도하는 가운데 가장 먼저 언제나 디모데를 생각했다는 것은 그만큼 디모데가 중요한 사람이었다는 것입니다.

가끔 우리가 기도하는 중에 늘 생각나는 사람이 있습니다. 그 사람은 복음적으로 아주 중요한 사람인데 묵묵하게 자신의 사명을 잘 감당하고 있는 사람인 것입니다. 특히 그 사람이 무너져버리면 아주 복음에 있어서 기둥뿌리가 뽑히는 것 같은 사람인 것입니다. 언제나 말씀의 자리를 지켜주고 언제나 기도의 자리를 지켜주는 사람은 늘 일차적으로 생각나는 사람인 것입니다.

그러면서 사도 바울은 디모데가 가진 어마어마한 영적인 자산에 대하여 소개를 해주고 있습니다.

> "이는 네 속에 거짓이 없는 믿음을 생각함이라. 이 믿음은 먼저 네 외조모 로이스와 네 어머니 유니게 속에 있더니 네 속에도 있는 줄을 확신하노라"(5절)

사도 바울은 디모데에게 도대체 '거짓 없는 신앙'의 가치가 얼마나 되는지 아느냐고 묻고 있습니다. 전혀 불순물이라고는 섞여 있지 않는 백 퍼센트 순도의 신앙의 가치는 얼마나 되겠습니까? 이것은 어마어마한 다이아몬드보다 더 비싼 것입니다. 사도 바울은 세계 여러 곳을 돌면서 오염이 된 불순한 신앙을 많이 만나보게 되었습니다. 그리고 그 불순한 신앙이 독버섯처럼 퍼지는데 그런 불순한 신앙을 바른 신앙으로 만드는 것이 얼마나 어려운 일인지 많이 보게 되었습니다. 그런데 디모데의 신앙은 불순물이라고는 전혀 섞여 있지 않은 순수한 말씀 그대로의 신앙이었습니다. 이런 신앙은 바른 말씀만 떨어지면 바로 불이 붙고 역사가 나타나고 부흥이 일어나는 신앙이었습니다.

예수님의 제자들만 해도 순수한 신앙을 가지기가 너무나도 어려워서 나중에 예수님으로부터 '더디 믿는 자들'이라는 책망을 받았습니다.

그런데 디모데의 신앙은 달랐습니다. 그저 하나님의 말씀이면 바로 그 마음 한 가운데 들어가서 바로 불붙어 오르는 그런 신앙이었습니다. 도대체 이런 순수한 신앙이 얼마나 소중하며 얼마나 엄청난 유산인지 아느냐는 것입니다.

우리는 때때로 세상적으로 아무 것도 내어놓을 것이 없는 것 같아서 초라함을 느낄 때가 있습니다. 그러나 우리의 진정한 가치는 바로 성경적인 신앙에 있습니다. 그리고 우리의 변화된 인격에 있습니다. 이 가치는 수조원이 될 것입니다. 우리는 이것을 자랑해야지 시시하게 세상 사람들이 가진 그 행복을 가지고 자랑을 해서는 안 될 것입니다.

사도 바울은 우리에게 중요한 것이 과연 무엇인지 깨닫게 할 뿐 아니라 우리에게 맡겨진 것이 무엇이며 이것을 맡긴 분이 누구신지 다시금 생각하게 합니다.

"이를 인하여 내가 또 이 고난을 받되 부끄러워하지 아니함은 나의

의뢰한 자를 내가 알고 또한 나의 의탁한 것을 그 날까지 저가 능히 지키실 줄을 확신함이라"(12절)

여기서 사도 바울은 다시 처음 이야기한 그 생명의 약속으로 다시 돌아가고 있습니다. 지금 주님이 바울과 디모데에게 맡긴 것은 어떤 시시한 지식이나 교훈이 아니고 죽어가는 많은 사람들을 살릴 수 있는 '생명의 처방'이었습니다. 그것은 세상의 그 흔한 지식이 아니고 오직 하나님의 아들 예수님이 바울과 디모데와 우리 믿는 자들에게 특별히 맡긴 것이었습니다.

이 가치는 도저히 세상의 지식이나 명예와는 비교할 수 없는 것입니다. 그럼에도 불구하고 세상적인 관점에서 보면 디모데는 가진 것이 아무 것도 없는 사람이었습니다. 그래서 우리는 늘 이러한 정체성의 혼란을 많이 겪고 있습니다. 하나님 앞에서는 우리 자신이 너무 존귀한 사람인 것 같은데 세상에 나가보면 아무 것도 아닌 것입니다. 이럴 때 우리는 하나님의 말씀을 가지고 오래 오래 생각을 해봐야 합니다.

그래서 사도 바울도 디모데에게 '너로 생각하게 하려 하노니'라고 말씀하고 있습니다. 우리는 하나님 앞에서 자기 자신이 누구인지 많이 생각도 해보고 물어보기도 해야 합니다. '하나님, 제가 누구입니까?'라는 질문을 해야 하는 것입니다. 그래서 우리는 자기 자신의 모습을 하나님 앞에서 만들어가야 합니다.

디모데의 자신감의 회복.

사도 바울은 디모데가 이 편지를 읽으면 바로 영적인 은사가 불일 듯 일어날 줄 확신을 했습니다. 그 이유는 디모데의 신앙이 거짓 없는 신앙이었기 때문입니다. 거짓 없는 신앙의 장점은 바른 말씀만 떨어지기만 하면 불이 붙는 것입니다.

"그러므로 내가 나의 안수함으로 네 속에 있는 하나님의 은사를 다시 불일듯하게 하기 위하여 너로 생각하게 하노니"(6절)

우리 속에 부흥은 불같이 일어나야 합니다. 왜냐하면 마귀가 우는 사자처럼 돌아다니고 있을 때 뜨거운 불같은 감동이 일어나야 사탄을 이길 수가 있습니다.

7절, "하나님이 우리에게 주신 것은 두려워하는 마음이 아니요 오직 능력과 사랑과 근신하는 마음이니"라고 했습니다.

우리는 때때로 의기소침하고 자신감을 잃으면서 이것이 겸손한 것으로 생각하기 쉽습니다. 그러나 그런 겸손은 하나님이 주신 마음이 아닙니다. 그리고 그것은 겸손한 것도 아닙니다. 하나님이 주신 겸손은 두려워하는 마음이 아닙니다. 오직 능력과 사랑과 근신하는 것이 진정한 겸손인 것입니다. 우리는 비겁한 것을 겸손하다고 생각해서는 안 됩니다. 우리의 겸손은 담대한 겸손인 것입니다.

그리고 담대하게 이제는 복음과 함께 고난을 받으라고 말씀하고 있습니다.

"그러므로 네가 우리 주의 증거와 또는 주를 위하여 갇힌 자 된 나를 부끄러워 말고 오직 하나님의 능력을 좇아 복음과 함께 고난을 받으라"(8절)

사도 바울의 삶은 그야말로 복음과 함께 고난을 받는 삶이었습니다. 다시 말해서 사도 바울은 복음이 아니었다면 고생할 필요도 없었고 얼마든지 평안하고 행복한 삶을 살수가 있었습니다. 그런데 복음 때문에 돌아다니면서 욕을 얻어먹고 두들겨 맞고 굶주리기도 하는 그야말로 '고생을 사서' 하는 삶이었습니다. 사도 바울은 디모데에게도 자기가 했던 것처럼 순전히 복음 때문에 '사서 고생을 하라' 고 명령을 하고 있습니다.

사람에게 가장 값진 것은 가장 귀한 것을 위하여 땀을 흘리고 정력을 쏟는 것입니다. 어떤 사람은 돈 벌기 위해서 온 세상을 돌아다니면서 고생을 하는데 우리가 영혼을 건지고 치료하기 위해서 고생하는 것은 가장 보람된 일인 것입니다. 가끔 아파트에 보면 '고장 난 시계나 전축 파쇼!' 라고 하면서 다니는 사람들이 있는데 그것도 남는 장사인 것 같습니다. 그런데 죽은 영혼을 하나 고치면 이것은 말로 표현할 수 없는 수지맞는 장사인 것입니다.

사도 바울은 11절에서 '내가 이 복음을 위하여 반포자와 사도

와 교사로 세우심을 입었노라'고 말을 했습니다.

그러면서 사도 바울은 다시 한번 복음이 무엇인지 짧게 소개하고 있습니다.

> "하나님이 우리를 구원하사 거룩하신 부르심으로 부르심은 우리의 행위대로 하심이 아니요 오직 자기 뜻과 영원한 때 전부터 그리스도 예수 안에서 우리에게 주신 은혜대로 하심이라. 이제는 우리 구주 그리스도 예수의 나타나심으로 말미암아 나타났으니 저는 사망을 폐하시고 복음으로써 생명과 썩지 아니할 것을 드러내신지라"(9-10절)

구원은 우리 행위로 받는 것이 아닙니다. 행위로 구원받으려고 하는 자들은 모두 구원받는데 실패할 것입니다. 이것이 영원한 하나님의 뜻입니다. 왜냐하면 이렇게 되어야 우리가 백퍼센트 하나님에게만 감사드릴 수 있기 때문입니다. 그런데 예수님은 사망을 폐하셨습니다. 사망을 죽이고 생명과 썩지 않는 것을 우리에게 주셨습니다. 그래서 우리가 얻는 것은 모두 생명이며 영원히 썩지 않는 것입니다.

그러면서 디모데에게 아주 강하게 명령을 합니다.

> "너는 그리스도 예수 안에 있는 믿음과 사랑으로써 내게 들은바 바른 말을 본받아 지키고 우리 안에 거하시는 성령으로 말미암아 네

게 부탁한 아름다운 것을 지키라"(13-14절)

　이제 디모데는 사도 바울이 없어도 이 아름다운 것을 지켜야 합니다. 여기에 '지키라'는 말이 두 번 나오는데 한번은 이 말씀대로 살라는 뜻이고 다른 하나는 이 복음을 사수하라는 것입니다. 우리가 말씀을 지키는 것은 이 두 가지가 항상 같이 있습니다. 즉 우리가 말씀대로 살면서 이 말씀을 가르쳐야 하는 것입니다. 이것은 너무나도 아름다운 것입니다. 성령이 주시는 최고의 선물인 것입니다.

　그리고 사도 바울은 자신이 감옥에 갇힌 것을 보고 얼마나 많은 사람들이 바울을 떠남으로 그를 실망시켰는지 알려주고 있습니다. 그중에 부겔로와 허모게네가 있습니다. 이 사람들은 어떤 사람들인지 알 수 없지만 복음을 부끄러워한 사람이었습니다. 사도 바울이 감옥에 갇힌 것을 보고 관계를 끊어버리고 복음에서도 멀어진 자들이었습니다. 그러나 오네시보로는 계속 바울의 감옥을 방문해서 그를 위로했고 그를 부끄러워하지 않았습니다. 그래서 오네시보로는 사도 바울의 감옥 생활에 큰 위로가 되었습니다. 그러나 이보다 더 큰 위로는 역시 디모데가 자신의 가치를 되찾고 다시 힘을 내는 것입니다. 우리는 너무나도 귀한 신앙의 유산을 가지고 있는 사람들입니다. 복음을 부끄러워하지 말고 언제나 담대한 성도들이 되시기를 바랍니다.

02
그리스도인의 성공 비결

딤후 2:1-13

이 세상의 모든 사람들은 다 성공하기를 바랄 것입니다. 그러나 사람들마다 성공에 대한 기준은 다를 것입니다. 예를 들어서 기업을 하시는 분이라면 성공에 대한 기준을 기업의 매출액이나 순이익이나 자산을 가지고 이야기를 할 것입니다. 정치를 하는 사람이라면 결국 얼마나 높은 자리까지 올라갔느냐 하는 것으로 이야기를 할 것입니다. 그리고 학문하는 사람이라면 얼마나 많은 연구를 해서 세계적인 명성을 얻느냐 하는 것으로 따질 것입니다. 그러면 그리스도인들은 도대체 무엇으로 그 사람의 성공의 기준을 나타낼 수 있을까요? 그것은 결국 얼마나 성경적인 사람들을 많이 길러내었느냐 하는 것으로 평가를 하게 되는 것입니다.

　물론 우리 예수 믿는 사람들은 이 세상에서 사회의 일원으로서 성공적인 삶을 살아야 할 것입니다. 특히 요즘과 같은 신앙의 자유가 인정되는 세상에서는 그리스도인들이 세상에 적극적으로 뛰어들어서 어느 누구 못지않게 성공적인 사회생활을 하는 것들을 볼 수 있습니다. 그럼에도 불구하고 우리가 세상에서 성공한 것만 가지고는 무엇인가 중요한 것이 빠진 것 같은 느낌이 드는 것입니다. 즉 우리가 세상에서 사회적으로 성공한 것만 가지고 성공한 크리스천이라고 한다면 도대체 우리가 세상 사람들에 비하여 다른 것이 무엇이란 말인가 하는 의문이 생기게 되는 것입니다. 그래서 우리가 진정으로 성공한 크리스천이 되려고 하면 물론 사회에서도 성공적인 사람이 되어야 하겠지만 누군가에게 말씀을 가르쳐서 성경적인 사람들을 많이 길러내어야 하는 것입니다. 그 이유는 바로 사람의 진정한 가치가 어마어마하기 때문입니다. 우리가 이 세상에서 학문적인 연구를 많이 하거나 기업의 매출액을 많이 올린 것도 중요하지만 그보다 비교할 수 없이 비싸고 가치 있는 것은 바로 사람이 하나님의 말씀으로 변하는 것이기 때문입니다. 그래서 우리가 이 세상에서 하는 생산적인 일들 중에서 최고로 수익이 높은 것이 있다면, 그것은 바로 하나님의 말씀으로 사람들을 가르치는 것이라고 할 수 있습니다. 하나님의 말씀을 가지고 사람들을 가르치기만 하면 가장 쓸모없는 사람들이 가장 가치 있는 사람들로 변화게 됩니다.

디모데가 이 편지를 받는 배경은 사도 바울의 죽음이 임박해지고 사도 시대가 거의 끝나갈 때입니다. 디모데의 입장에서 볼 때 일단 다른 사도들은 둘째로 치고라도 사도 바울과 자신은 체험이나 진리의 지식에 있어서 비교가 되지 않았습니다. 사도 바울은 다메섹으로 가다가 예수님을 직접 만난 사람이었습니다. 거기에다가 루스드라에서 유대인들의 돌에 맞아서 한번 죽었다가 살아난 체험이 있는 사람이었습니다. 그리고 율법에 대한 지식도 엄청났고 세상적인 지식도 누구보다 뛰어났으며 개인적인 자질에 있어서도 어느 누구보다도 뛰어난 사람이었습니다. 그러나 디모데는 그런 내세울 것이 아무 것도 없는 사람이었습니다. 개인적인 체험이 뛰어난 것도 아니었고 율법의 지식이나 세상 지식이 뛰어난 것도 아니었습니다. 그렇다고 해서 혈통이 뛰어난 것도 아니었습니다. 디모데는 사도 바울같이 돌에 맞아 죽었다 살아난 영적 체험도 없었고 다메섹으로 가다가 예수님을 만나서 거꾸러진 적도 없었습니다.

어떻게 보면 디모데는 밋밋한 신앙을 가진 사람이었고 순수한 성경적인 신앙을 가진 것 외에는 내어놓을 것이 아무 것도 없었습니다. 디모데는 사도 바울같이 뛰어난 사람도 감옥에 갇혀서 죽을 날만 기다리고 있는데 도대체 자기 같은 것이 살아서 이 세상에서 할 수 있는 것이 무엇이 있을지 고민하면서 절망을 하고 있었습니다. 그때 사도 바울은 다른 것은 아무 것도 필요 없고 오직 성경적인 신앙 하나만 가지고 있으면 충분하고 오직 말씀의 씨만 뿌리기만 하면 무지무지한 열매를 거둘 수 있으니까 걱정을 하지 말라고 말씀하고 있습니다.

그리스도인의 성공 조건.

우리는 누구나 다 이 세상에서 단 한번 인생을 살면서 모두 성공적인 삶을 살고 싶어 합니다. 아마 어느 누구도 이 세상을 빌빌거리면서 살다가 죽고 싶은 사람은 없을 것입니다. 그러면 도대체 이 세상에서 우리가 신앙인으로서 성공한다고 하는 것이 무엇을 말할까요? 사도 바울은 가장 먼저 우리가 '강해야 한다'고 말씀하고 있습니다.

"내 아들아 그러므로 네가 그리스도 예수 안에 있는 은혜 속에서 강하고"(1절)

우리는 디모데가 기질적으로나 세상적으로 상당히 약한 위치에 있는 사람이라는 것을 알고 있습니다. 그러나 상식적으로 생각해 볼 때 '약한 사람'에게 '강하라'고 해서 강해지는 것은 아니라는 것입니다. 예를 들어서 어떤 아이가 있는데 선천적으로 약골인 사람이라고 합시다. 그런데 삼촌이 어느 날 와서 '너는 강해야 돼. 강한 사람이 되어야만 이 세상에서 살아남을 수가 있단 말이야'

라고 말을 할 때 그 아이는 강하기 싫어서 강하지 않은 것이 아닙니다. 아무리 애를 써도 안 되기 때문에 약한 것입니다.

마찬가지로 디모데는 여러 가지 기질적으로나 세상적인 조건에 있어서 약한 사람인데 사도 바울이 '강하라'고 한다고 해서 강해질 수가 있느냐 하는 것입니다. 그래서 사도 바울은 '그리스도 예수 안에 있는 은혜 안에서 강하라'고 말을 하고 있는 것입니다. 즉 사도 바울은 디모데에게 모든 면에서 강하라고 말하지 않습니다. 디모데는 오직 그리스도 은혜 안에서만 강하면 되는 것입니다. 그러면 디모데가 가장 강할 수 있는 것이 무엇일까요? 그것은 바로 하나님의 말씀에 있어서 강한 자가 되는 것입니다.

디모데에게 강해야 할 이유는 두 가지가 있습니다. 하나는 그가 세상적인 많은 조건들을 생각하지 않는 것입니다. 디모데가 세상적인 학벌이나 혈통이나 경제적인 조건 등을 생각한다면 절대로 강할 수가 없습니다. 사도 바울은 그런 부분에서는 약한 자가 되어도 된다고 말씀하시는 것입니다. 디모데는 학벌이나 혈통이나 경제적인 여건에 있어서는 얼마든지 약한 사람이 되어도 괜찮습니다. 그러나 그는 하나님의 은혜에 있어서는 결코 약한 자가 되어서는 안 됩니다. 디모데는 기도나 말씀이나 겸손이나 사랑에 있어서는 결코 약한 자가 되어서는 안 되는 것입니다.

여기서 우리 그리스도인들의 이중적인 모습이 나타나고 있습니다. 우리는 결코 두 가지 면에 있어서 모두 다 강할 수는 없습니다. 예를 들어서 세상적으로 대기업 가이면서 목사일 수는 없습니다. 세상적으로 대정치가이면서 목회자일 수는 없습니다. 만일 우리가 그렇게 된다면 세상 사람들을 너무 우습게 알 것입니다. 우리는 하나님의 은혜는 많이 있지만 세상적으로 약하기 때문에 다른 사람에게 겸손할 수 있는 것입니다. 그러나 이것은 결코 우리의 비겁함이 되어서는 안 됩니다. 우리의 마음속으로는 한편으로는 자신이 세상적으로 부족한 것이 많이 있다는 것을 인정하면서도 하나님의 은혜에 있어서는 누구보다 약해서는 안 되고 그 가치를 절대적으로 붙들고 있어야 하는 것입니다. 그러면 우리는 겉으로 아주 부드러우면서도 아주 중심이 있는 멋진 신앙을 가진 사람이 될 수 있습니다. 그리고 세상 사람들이 필요로 하는 사람들도 바로 이런 사람들입니다. 겉으로는 약하고 부드럽지만 속으로는 하나님의 은혜와 능력이 꽉 차 있는 사람인 것입니다. 특히 디모데의 가장 비장의 무기는 하나님의 말씀의 능력입니다. 우리가 이것만 잘 준비되어 있으면 다른 것은 아무리 양보해도 결국은 강한 자가 되는 것입니다. 왜냐하면 하나님의 말씀을 통해서 성령의 능력이 자꾸 나타나고 하나님의 축복이 자꾸 나타나고 사람들이 변하는데 어떻게 강해지지 않을 수가 있습니까?

결국은 하나님의 말씀을 가진 자가 가장 강한 자가 되는 것입니다. 그러나 다른 부분에 있어서는 약한 부분도 있어야 사람이 겸손해질 수 있습니다.

그리고 사도 바울이 두 번째로 승리의 조건으로 말한 것은 하나님의 말씀을 할 수 있는 대로 많은 사람들에게 가르치라는 것입니다.

"또 네가 많은 증인 앞에서 내게 들은 바를 충성된 사람들에게 부탁하라. 저희가 또 다른 사람들을 가르칠 수 있으리라"(2절)

농사를 짓는 농부들은 밭이나 논이 있는 이상은 계속 씨를 뿌리려고 할 것입니다. 왜냐하면 씨를 뿌린 만큼 곡식을 거둘 수 있기 때문입니다. 마찬가지로 천국에 있어서 가장 수지가 남는 일은 닥치는 사람들에게 하나님의 말씀을 많이 뿌리는 것입니다. 물론 그 중에서는 좋은 밭에 떨어지는 것도 있을 것이고 길가나 돌짝밭 같은 데 떨어지는 것도 있을 것입니다. 혹은 알곡이 있는가 하면 가라지도 있을 것입니다. 그러나 우리는 그런 것을 상관할 필요가 없습니다. 어디서든지 하나님의 말씀을 많이 가르치기만 하면 열매가 나타나게 되는 것입니다. 특히 이 세상에서 최고로 값진 것이 사람의 마음인데 하나님의 말씀이 사람들의 마음에 떨어지면 그 마음 자체가 보물로 변해버립니다. 우리는 하나님의 말씀의 씨를 뿌리면서 이 사람의 마음이 좋은 밭인가 나쁜 밭인가 따질 필요가 없습니다. 왜냐하면 씨는 무한정으로 있기 때문에 가리지 말고 뿌리기만 하면 어디서든지 열매는 맺히게 되는 것입니다.

여기에 보면 '또 네가 많은 증인 앞에서 내게 들은 바를 충성된 사람들에게 부탁하라' 고 했습니다. 디모데는 성경 지식을 사도 바울에게 개인적으로 교습을 받은 것이 아니고 사도 바울이 많은 사람들에게 설교할 때 같이 은혜를 받았던 것입니다. 바로 이것이 성경적인 신앙을 말합니다. 우리가 다른 사람에게 성경적인 신앙을 가르치면 그들이 충성된 사람으로 만들어지게 되어 있습니다. '충성된 사람에게 부탁하라' 는 것은 충성된 사람들만 찾아서 가르치라는 뜻이 아닙니다. 성경적인 신앙을 가르치면 충성된 사람들이 만들어지게 되어 있습니다. 이것이 복음의 열매입니다. 그럼에도 불구하고 그 중에서도 특히 가르치는 은사를 가진 자들이 있습니다. 그 사람들에게 안수를 해서 또 그런 식으로 말씀의 씨를 뿌리면 되는 것입니다. 결국 예수님께서는 얼마나 많은 사람들을 말씀으로 변화시켰는가 하는 것을 가지고 성공을 판단하시게 되는 것입니다.

말씀의 종의 자세.

우리는 보통 하나님의 말씀을 많이 뿌리면 성공을 한다는 말씀을 들었을 때 자칫 잘못하면 공부만 많이 하고 말만 잘 하면 성공한 사람으로 생각하기 쉽습니다. 그러나 천국의 열매를 공부만 많이 하고 말만 잘한다고 해서 되는 것이 아닙니다. 우리는 순수한 하나님의 말씀을 캐내는 수고가 있어야 하고 이것을 사람들에게 알아듣게 전하는 열정이 있어야 할 것입니다. 그리고 이것을 꾸준히 해낼 수 있는 인내가 있어야 합니다.

사도 바울은 세 가지 비유를 들어서 설명을 하고 있습니다. 첫 번째는 군인의 비유입니다.

"네가 그리스도 예수의 좋은 군사로 나와 함께 고난을 받을찌니 군사로 다니는 자는 자기 생활에 얽매이는 자가 하나도 없나니 이는 군사로 모집한 자를 기쁘게 하려 함이라"(3-4절)

군인이라고 하는 것은 전쟁에 대비하여 있는 사람들입니다. 만일 전쟁이 전혀 없다면 군인은 필요치가 않을 것입니다. 우리의 믿음은 영적인 전쟁입니다. 즉 원수인 사단의 손에서 사람들을 빼앗아 내어서 하나님께로 넘기는 특공대인 것입니다.

옛날에 2차대전 때 프랑스에 레지스탕스가 있었습니다. 이 사람들은 지하 조직으로서 독일군과 싸우기도 하고 사람을 빼돌리기도 하고 적의 작전을 알아내기도 했습니다.

마찬가지로 우리는 사단의 세력에 붙들려 있는 사람들을 말씀으로 싸워서 빼내는 일을 해야 합니다. 그러면 군인 같은 정신을 가지고 있어야 합니다.

우선 군인은 적과 전투하는 것을 두려워해서는 안 됩니다. 그리고 적과 싸우면 반드시 이겨야 합니다. 그래서 군인들은 민간인들이 하지 않는 것을 해야 합니다. 아무리 추워도 전쟁터에서 전쟁을 해야 하고 아무리 진흙탕물이라도 기어서 가야 하는 것입니다. 제대로 된 밥도 먹지 못하고 때로는 빗물 속에서 때로는 꽁꽁 얼어붙은 빵을 먹어야 할 때도 있습니다. 그러나 군인은 아무 불평 없이 그 일을 해내어야 합니다. 그 이유는 가장 어렵고 중요한 일을 하고 있기 때문입니다. 누군가가 그 일을 해내지 않으면 아무도 할 사람이 없기 때문입니다.

특히 군인들은 상사의 명령에는 절대적인 복종을 해야 합니다. '군사로 다니는 자는 자기 생활에 얽매이는 자가 없나니 이는 군사로 모집한 자를 기쁘시게 하려 함이라' 고 했습니다. 군인들은 상사의 명령에 절대적으로 복종을 합니다. 아무리 총알이 날아오고 폭탄이 터져도 전진하라고 하면 무조건 해야 합니다. 그리고 아무리 싸우고 싶어도 대기하고 있으라고 하면 해야 합니다.

그래서 우리에게 있어서 하나님의 뜻에 따라 작전을 한다는 것이 굉장히 중요합니다. 우리는 지시는 하나님의 말씀으로 듣고 보고는 기도로 합니다. 이 두 가지가 군인들에게는 최고로 중요한 것입니다. 그리고 일단 전투가 벌어지고 나면 다른 사적인 생활이나 일들은 허용이 되지 않습니다.

두 번째는 운동선수의 예입니다.

운동선수들은 많이 있지만 우승을 하는 선수는 한 명밖에 없습니다. 그래서 선수가 우승을 하려면 남들이 하는 만큼 해서는 안 됩니다. 남들보다 몇 배나 노력을 하고 연습을 해서 최고가 되어야 하는 것입니다. 그래서 우리는 하나님의 은혜에 있어서는 최고가 되어야 합니다.

운동선수들은 훈련과 연습이 가장 힘들다고 합니다. 그러나 훈

련이 안되면 실전에서 결코 우승을 할 수가 없습니다. 운동선수들은 오직 목표 하나만을 위해서 전력 질주를 해야 합니다. 그런데 여기에 보면 선수들은 법대로 해야 한다고 말씀하고 있습니다. 이것은 아무리 우승을 해도 반칙을 하면 아무 소용이 없는 것입니다. 그래서 모든 것을 바르게 열심히 해야 합니다.

가끔 육상 선수들 중에서 약물 복용으로 문제가 되어서 완전히 선수 자격을 박탈당하는 사람들도 적잖이 있습니다. 이것은 영점 영일 초를 단축시키기 위해서 약물의 유혹을 떨쳐버릴 수가 없는 것입니다. 그러나 도핑 테스트에서 걸리면 모든 메달과 선수 자격은 박탈당하는 것입니다.

그리고 세 번째는 농부의 비유입니다.

일단 농부가 되려고 하면 믿음이 있어야 합니다. 왜냐하면 그냥 땅에 씨를 뿌리를 때 씨를 버리는 것 같은 생각이 들기 때문입니다. 그러나 씨는 버리는 것이 아니고 뿌리는 것이며 반드시 몇 십 배로 나게 되어 있습니다.

그러나 농부가 씨만 뿌린다고 해서 반드시 풍성한 결과를 기대할 수 없습니다. 왜냐하면 자라는 싹들을 돌보아 주어야 하기 때문입니다. 풀도 뽑아주고 거름도 주어야 합니다. 그래서 농부들은 더운 여름에 아주 부지런히 농사를 지어야 합니다. 그러면 가을에 틀림없이 풍성한 곡식을 거두게 됩니다.

농부는 좌우간 인내를 해야 합니다. 왜냐하면 곡식이 익으려면 반드시 시간이 걸리기 때문입니다. 씨를 뿌려 놓고 참지 못하고 금방 땅을 파헤치거나 줄기를 당겨서 뽑아 본다면 다 죽을 것입니다. 그런데 여기에 보면 농부가 곡식을 먼저 거둔다고 했습니다. 이것은 영적인 추수를 하면 반드시 물질적인 추수도 주신다는 뜻입니다. 그러니까 영적인 추수만 많이 하면 육적인 필요는 자연스럽게 해결이 되는 것입니다.

"내 말하는 것을 생각하라. 주께서 범사에 네게 총명을 주시리라"(7절)

여기에 보면 '말을 생각하라' 하는 것과 '총명을 주신다'는 말이 나옵니다.

우리에게는 하나님의 말씀을 가지고 곰곰이 생각하는 것이 필요합니다. 왜냐하면 성경 속에서 캐낸 진리는 금 자체가 아니고 금의 원석이기 때문입니다. 이것을 우리는 써먹을 수 있는 진리로 가공을 해야 합니다. 그렇게 하기 위해서는 말씀을 가지고 생각을 해야 합니다. 그러면 반드시 총명을 주십니다. 이 총명은 구체적인 상황에서 이겨낼 수 있는 지혜를 말하는 것입니다.

하나님의 아주 세밀한 지혜는 돈 수천억 원보다 더 가치가 있습니다.

예수님의 씨 뿌림.

우리는 사도 바울이 말한 성공 비결의 완벽한 예로 예수님을 들 수 있습니다. 예수님은 이 세상에서 성공할 수 있는 조건은 아무 것도 갖추지 못하셨습니다. 그럼에도 불구하고 천국에서 가장 최고로 많은 추수를 거두셨습니다. 그 이유는 바로 하나님의 말씀의 씨를 많이 뿌리셨기 때문입니다.

"나의 복음과 같이 다윗의 씨로 죽은 자 가운데서 다시 살으신 예수 그리스도를 기억하라"(8절)

우리는 복음의 씨, 말씀의 씨를 많이 뿌려야 하지만 예수님은 자기 자신을 하나의 씨로 뿌리셨습니다. 그 이유는 예수님 자신이 하나님의 말씀이었기 때문입니다. 사실 우리가 말씀의 씨를 뿌릴 수 있는 이유는 예수님의 씨가 있었기 때문입니다.

그러나 우리는 예수님을 생각하고 싶지 않을 때가 많이 있습니다. 왜냐하면 예수님은 너무나도 이 세상에서 성공하시지 못하셨기 때문입니다. 그러나 예수님은 하나님의 보좌 우편에서 가장 높으신 분이 되셨고 온 우주의 주인이 되셨습니다. 우리는 일단 이 세상에 대하여 죽어야 천국의 열매를 거둘 수가 있습니다.

사도 바울은 자신의 예를 들어서 설명을 합니다.

"복음을 인하여 내가 죄인과 같이 매이는 데까지 고난을 받았으나 하나님의 말씀은 매이지 아니하니라"(9절)

디모데나 다른 크리스천들은 사도 바울이 오랫동안 죄수의 신분으로 감옥에 있어야 하는 것이 창피했을 수도 있습니다. 또 실제로 그렇게 생각하는 사람들도 여러 명 있었을 것입니다. 그러나 사도 바울은 그것이 전부가 아니라고 말을 했습니다. 물론 자유롭게 하나님의 말씀을 가르치지 못하는 것은 손해였습니다. 그러나 오히려 사도 바울은 감옥에 갇혀 있었기 때문에 더 진리를 묵상하게 되었고 오히려 편지로 더 많은 교인들에게 진리를 전할 수 있었습니다. 그래서 자기는 매이지만 하나님의 말씀은 매이지 아니한다라고 했습니다. 어느 곳에서나 어떤 방식으로 말씀만 증거되면 되는 것이지 육체적으로 편한 것이 반드시 좋은 것은 아니었던 것입니다.

특히 우리 그리스도인들에게는 참는 것이 참 중요합니다.

"그러므로 내가 택하신 자를 위하여 모든 것을 참음은 저희로도 그리스도 예수 안에 있는 구원을 영원한 영광과 함께 얻게 하려 함이로라"(10절)

임산부들은 오직 아기의 건강한 출산만을 위하여 모든 것을 참습니다. 과격하게 운동하고 싶은 것도 참고 많은 곳에 돌아다니는 것도 참고 다른 사람과 다투는 것도 참아야 합니다. 왜냐하면 우리 안에 영글어가는 이 복음의 씨앗은 어떤 열매보다 가치가 있는 것이기 때문입니다. 그래서 우리가 그리스도를 닮아가고 또 다른 그리스도인들이 탄생하기 위해서는 모든 것을 참아야 하는 것입니다. 이것을 참지 못하고 세상적인 정욕으로 돌아다니면 복음의 씨는 쭉정이만 잔뜩 열리게 될 것입니다.

사도 바울은 마지막으로 우리에게는 너무나도 분명한 약속이 있다고 말씀하고 있습니다.

"미쁘다 이 말이여, 우리가 주와 함께 죽었으면 또한 함께 살 것이요. 참으면 또한 함께 왕 노릇할 것이요. 우리가 주를 부인하면 주도 우리를 부인하실 것이라"(11-12절)

우리가 말씀의 씨를 뿌리는 것은 주와 함께 죽는 것입니다. 그러나 주님과 함께 죽는 것은 반드시 살게 되어 있습니다. 그러나 만일 우리가 이런 영적인 추수를 부인하면 그 신앙은 주님 앞에서도 거부를 당하게 될 것입니다.

"우리는 미쁨이 없을찌라도 주는 일향 미쁘시니 자기를 부인하실 수 없으시리라"(13절)

다른 것은 몰라도 주님은 반드시 우리에게 대하여 신실하십니다. 그래서 주님의 말씀대로 수고하고 순종한 것에 대하여 주님은 모른다고 말씀을 하시지 못하십니다. 즉 반드시 엄청난 열매가 맺혀 축복을 누리게 되어 있는 것입니다. 우리는 이 약속 붙잡고 많은 복음의 씨를 뿌려 열매를 거두는 은총을 누리며 살아야 할 것입니다. 여러분 모두가 그러한 사람이 되시길 바랍니다.

03
그리스도인의 준비

딤후 2:14-26

유명한 영화배우들 중에서 가끔 연극배우 출신들이 있습니다. 대개 이런 분들은 연극을 통해서 충분히 연기를 익혔기 때문에 연기력이 뛰어난 것을 볼 수 있습니다. 그래서 반드시 얼굴만 잘 생겼다고 해서 유명한 배우가 될 수 있는 것은 아닙니다. 역시 일류 배우는 얼굴도 잘 생겨야 하지만 연기력 자체가 뛰어나기에 사람의 마음을 사로잡는 카리스마가 있습니다. 일단 배우는 대사를 소화 해내어야 합니다. 대본을 외우지 못하고 말을 더듬으면 절대로 좋은 배우가 될 수 없습니다. 거기에다가 자신의 감정이나 표정을 넣어서 아주 세밀하게 감동을 불러일으킬 수 있어야 하는 것입니다.

요즘은 무엇이든지 제대로 훌륭한 사람이 되려고 하면 오랜 준비를 해야 합니다. 훌륭한 피아니스트가 되려고 해도 아주 어렸을 때부터 피아노를 배우고 연습을 해야 하는데 그것도 아주 잘 해야 하는 것입니다. 또 운동선수가 되려고 해도 아주 어렸을 때부터 좋은 감독 밑에서 철저하게 기본기를 익히면서 열심히 운동을 해야 하는 것입니다.

우리는 모두 크리스천으로서 하나님의 손에 붙들려서 능력 있게 귀하게 사용되어야 할 것입니다. 할 수만 있으면 성경에 나오는 다윗이나 솔로몬이나 사도 바울같이 능력이 있는 종이 되기를 바랍니다. 그렇게 하려고 하면 우리는 오랜 시간에 걸쳐서 준비가 되어야 하는 것입니다.

오늘 성경 말씀은 우리가 하나님 앞에서 어떻게 준비가 되어야 정말 후회 없이 하나님 앞에서 온전하게 붙들려서 사용될 수 있는지 가르쳐주고 있습니다.

하나님의 말씀에 대한 분별력.

우리가 하나님께 바로 사용되기 위해서는 하나님의 말씀을 정확히 분별할 수 있는 능력이 있어야 합니다.

"네가 진리의 말씀을 옳게 분변하며 부끄러울 것이 없는 일군으로

인정된 자로 자신을 하나님 앞에 드리기를 힘쓰라"(15절)

하나님의 종으로 사용되는데 있어서 이것보다 더 중요한 것이 없습니다.

하나님의 종에게 가장 중요한 자격은 '진리의 말씀을 옳게 분변하는 것'입니다. 여기서 '옳게 분변한다' 는 말은 헬라어로 '올소토모운타' 라고 하는데 '똑바로 자른다' 하는 뜻입니다. 우리가 종이를 칼로 자를 때 똑 바로 자르는 것이 쉽지 않습니다. 아무리 칼에 힘을 주어서 잘 자른다고 해도 칼은 비뚤비뚤 지나가면서 필요한 부분은 베어 내어버리고 불필요한 부분은 또 남겨놓게 되는 것입니다. 특히 옷을 재단하거나 조각 작품을 완성을 할 때 정확하게 잘라내는 것이 얼마나 어려운 일인지 모릅니다. 결국 거기에 그 사람의 실력이 판가름 나게 되는 것입니다.

우리가 어떤 진리를 대할 때 모든 것이 다 맞는 것도 아니고 모든 것이 다 틀린 것도 아닙니다. 그 안에는 맞는 것과 틀린 것이 뒤죽박죽으로 다 섞여 있습니다. 그런데 훌륭한 전문가들은 그런 혼란 가운데서 정확한 하나님의 말씀과 하나님의 뜻을 알아내는 것입니다.

이렇게 하려면 두 가지에 정통해야 합니다. 하나는 성경에 있어서 정통해야 합니다. 일단 성경 지식이 불분명하면 절대로 옥석을 가려낼 수가 없습니다. 그러나 그것으로도 안 됩니다. 또 이 세상 현실에 대하여 정확한 인식을 가지고 있어야 합니다. 그러나 우리가 이 두 가지를 정확하게 안다는 것은 그야말로 도사가 되는 것인데 사실 불가능한 것이나 마찬가지입니다.

우리가 현실을 제대로 알기 위해서는 신문에 나오는 사설이나 유명한 지식인들의 칼럼을 읽습니다. 혹은 외국 신문의 평론이나 기사나 전문가들의 말을 참고로 합니다. 그러나 신문의 칼럼이나 사설들도 엄밀하게 따져보면 자기들도 잘 모르고 대충 그럴듯한 소리를 마구 떠들어댄다는 것을 알게 됩니다. 사실 우리에게는 오늘 우리 사회가 어떻게 전개되고 있으며 어디로 가고 있는지 정확하게 인식할 수 있는 논평가가 없다고 보아야 할 것입니다.

결국 우리는 성경으로 돌아갈 수밖에 없습니다. 그러나 성경은 너무나도 방대하고 지금 우리 시대로부터 아주 오래 전에 일어난 일을 기록하고 있습니다. 저는 처음 목회를 시작하면서 성경을 알 것인가 오늘 이 시대를 알 것인가 고민을 했습니다. 그러다가 성경을 먼저 알기로 결심을 했습니다. 그것이 굉장히 잘 한 것이었습니다. 왜냐하면 그때 성경을 파고들지 않았더라면 지금까지도 신문 조각이나 스크랩하면서 남이 하는 소리만 앵무새같이 따라 할 수밖에 없었을 것입니다. 저는 무조건 성경을 붙잡았습니다. 그리고 무조건 파고들었고 무조건 내 것으로 소화를 하려고 애를 썼습니다. 그런데 어느 순간부터 성경의 맥이 보이기 시작했습니다. 그리고 어느 순간부터 오늘 이 시대에 대하여 하나님이 하시는 말씀을 들을 수 있게 되었습니다.

성경과 이 세상 현실을 정확하게 연결할 수 있었던 대표적인 인물이 바로 요셉이었습니다. 요셉은 어렸을 때 하나님으로부터 두 개의 말씀을 받았습니다. 하나는 곡식단이 일어서 절하는 것이고 다른 하나는 하늘의 해와 달과 열한별이 자기에게 절을 하는 것이었습니다. 요셉은 이 꿈의 의미를 도저히 알 수가 없었습니다. 형들에게 말을 했지만 형들을 더 미워할 뿐이었습니다. 요셉은 결국 이 말씀 때문에 미움을 받아서 종으로 팔렸고 애굽에서 엄청나게 고생을 했습니다. 그러면서 이 말씀들이 조금씩 요셉의 인격 속에 녹아지기 시작했고 더 큰 하나님의 말씀을 해석할 수 있는 능력이 자꾸 길러지게 되었습니다. 결국은 바로의 꿈을 해석함으로 칠년 대 흉년에서 백성들을 살리고 자기 가족들을 살리게 되었습니다. 그리고 요셉의 꿈도 이루어졌습니다.

또 성경과 시대를 잘 연결시켜서 해석했던 사람이 다니엘이었습니다. 다니엘은 바벨론에 포로로 붙들려갔지만 율법을 지키기로 결심하고 왕의 진미를 먹지 않았습니다. 그런데 하나님께서는 다니엘을 축복하셔서 왕의 머리 속에 지워진 꿈을 읽을 수 있는 능력을 주셨고 그것을 시대에 정확하게 적용하고 해석할 수 있는 능력을 주셨습니다. 다윗 같은 사람은 목동이었지만 하나님의 말씀을 너무나도 사랑했습니다. 그러나 그가 하나님의 말씀을 그토록 사랑했기 때문에 사울왕의 미움을 받아서 결혼은 파혼이 되어버리고 이스라엘의 원수가 되어서 쫓겨 다니고 나중에는 블레셋에 망명 생활을 해야 했을 정도로 고생을 많이 했습니다. 그러나 그는 결국 그 고생 끝에 이스라엘 왕이 되었고 이스라엘에 말씀의 통치를 가져와서 대부흥을 일으킬 수 있었습니다. 모세는 애굽의 바로의 공주의 아들로 얼마든지 성공적으로 잘 살 수 있었지만 말씀을 사랑했기에 결국 그것 때문에 무려 사십년 동안 미디안에서 도피 생활을 하게 되었던 것입니다.

여기서 우리는 '하나님의 말씀을 옳게 분변한다'는 것이 결코 쉽게 되는 일이 아니라는 것을 알아야 합니다. 우리가 하나님의 말씀을 바로 분변을 하려고 하면 일단은 바른 말씀을 배워야 합니다. 바른 말씀을 배우지도 않고 진리를 바로 분변한다는 것은 불가능한 일입니다. 그리고 이 말씀을 가지고 인생 밑바닥까지 내려가는 고통을 받아야 하는 것입니다. 그 인생 밑바닥에서 자기 자신이 먼저 살아나야 그 말씀이 진리가 되는 것이지 자기 자신이 전혀 그 말씀을 겪어보지도 않고 입으로만 떠들어대는 것은 아직 신빙성이 없는 것입니다. 그래서 하나님 앞에서 귀하게 사용되었던 종들의 특징은 먼저 바른 말씀을 배우고 들은 자들이었습니다. 이들은 모두 하나님의 말씀을 너무 사랑한 나머지 이 말씀에 자신의 모든 인생을 다 걸었고 그 결과 이 말씀 때문에 인생 밑바닥에서 살아 돌아올 수 있었던 사람들입니다. 그런데 이들이 인생 밑바닥까지 가서 무엇을 배우게 되었습니까? 하나님의 말씀과 이 세상 현실을 연결시킬 수 있는 능력을 가지게 된 것입니다.

그래서 사도 바울은 이런 말을 합니다.

"미쁘다 이 말이여 우리가 주와 함께 죽었으면 또한 함께 살 것이요, 참으면 또한 함께 왕 노릇할 것이요. 우리가 주를 부인하면 주도 우리를 부인하실 것이라. 우리는 미쁨이 없을지라도 주는 일향 미쁘시니 자기를 부인하실 수 없으시리라"(11-13절)

사도 바울이 진리의 분별력을 가지게 된 것은 그가 주님과 함께 죽는 체험이 있었기 때문입니다. 그는 다메섹으로 가다가 주님을 만나고 죽었습니다. 거기서 그는 자신의 모든 세상적인 지식과 판단력을 다 버렸습니다. 그는 진리를 사랑했기 때문에 루스드라에서 돌에 맞아 죽기도 했습니다. 그는 복음 때문에 가는 곳곳마다 미움과 핍박을 당해야만 했고 예루살렘에서는 그를 죽이기 전에는 먹지도 않고 마시지도 않겠다는 암살 특공대까지 있었습니다. 사도 바울은 진리와 함께 죽었습니다. 그리고 진리와 함께 살아나게 되었습니다. 그 결과 진리를 분별하는 능력이 생겼습니다. 이것이 그냥 생긴 것이 아니고 샘솟듯이 솟아나는 진리의 샘이 그에게 터졌던 것입니다.

그래서 참으로 복된 사람은 진리로 인하여 엄청나게 고생을 한 사람입니다. 복음 때문에 모든 사람들로부터 미움을 받고 거부당하고 나중에는 살 소망 까지 끊어졌던 사람에게 이 분별력이 생기는 것입니다.

하나님의 진리는 결코 모호하지가 않습니다. 이것은 아주 예리한 칼로 선에 딱 맞게 종이를 잘라내는 것과 같고 조각에서 불필요한 부분을 정으로 다 쪼아내어서 아름다운 작품을 만드는 것같이 정밀한 것입니다.

　하나님의 진리는 정확한데서부터 힘을 내게 되어 있습니다. 역시 진리가 모호하면 정확한 작품이 나오지 않습니다. 운동이나 음악의 연주도 마찬가지입니다. 일단은 기본기가 정확해야 제대로 된 연주나 기술이 나오게 됩니다. 그리고 나서는 많은 고난을 통해서 그것을 완전히 자신의 것으로 소화를 해야 하는 것입니다. 그래서 젊어서는 진리로 인한 고생은 사서라도 해야 하는 것입니다.

　여기서 사도 바울은 뭐라고 권면을 하고 있습니까? '부끄러울 것이 없는 일군으로 인정된 자로 자신을 하나님 앞에 드리기를 힘쓰라'고 했습니다. 여기서 '부끄러울 것이 없는 일군'이라고 하는 것은 아예 공인이 된 것을 말합니다.

　즉 '저 사람에게서 나오는 진리는 우리가 틀림없이 신뢰할 수 있다'는 인정을 받아야 하는 것입니다. 이것은 어쩌다가 한두 번 맞춘 것이 아니라 아예 명품의 인정을 받는 것을 말합니다. 요즘은 모든 것이 '브랜드' 시대이기 때문에 일단 브랜드로 인정을 받아야 사람들이 안심을 하고 사가게 됩니다.

　그러니까 하나님의 진리를 해석하고 분변하는데 시시한 아마추어 수준이 되어서는 안 되고 명품 중의 명품이 되어야 한다는 것입니다.

　여기서 주의해야 할 것이 두 가지가 있습니다. 하나는 쓸데없는 말다툼을 피하는 것입니다.

"너는 저희로 이 일을 기억하게 하여 말다툼을 하지 말라고 하나님 앞에서 엄히 명하라. 이는 유익이 하나도 없고 도리어 듣는 자들을 망하게 함이니라"(14절)

여기서 '말다툼'이라고 하는 것은 이 당시 유행하고 있었던 사람들의 변론술을 의미합니다. 이 당시 똑똑한 사람들은 다른 사람의 말꼬리를 물고 늘어지거나 혹은 궤변을 가지고 자신의 유식한 것을 드러내려고 했습니다. 물론 이런 현란한 논쟁술들은 그 사람의 머리가 비상한 것은 나타낼 수 있을지 몰라도 한 영혼도 살리지 못합니다. 그런데 사람들 중에는 어떻게 해서든지 말로 싸우려고 하는 사람들이 있습니다. 그러나 우리 믿는 사람들은 논쟁을 하거나 변론을 해서는 안됩니다. 우리가 예수 믿기 전에는 말로 싸우는 것도 아주 잘했을지 모르지만 예수 믿고 나면 뇌의 구조부터 바뀌게 됩니다. 즉 논쟁형에서 말씀을 듣고 은혜 받는 형으로 변하게 됩니다. 우리는 절대로 세상적인 변론을 하는데 시간을 허비 할 수 없습니다. 그렇게 한다고 해도 한 사람도 주님께로 돌아오지 않습니다. 그러므로 유식한 사람과 변론하는 시간에 다른 사람을 만나서 한 사람이라도 전도를 하는 것이 훨씬 더 효과적인 것입니다.

그리고 또 하나는 쓸데없는 농담을 조심하는 것입니다.

"망령되고 헛된 말을 버리라. 저희는 경건치 아니함에 점점 나아가

나니"(16절)

'망령되고 헛된 말'은 쓸데없는 우스개 소리나 농담을 하는 것을 말합니다.

물론 우리가 다른 사람들과 우스개 소리도 하고 쓸데없는 농담도 하면 재미는 있을 것입니다. 그러나 그런 우스개 소리를 하다가 어느 한 순간 진지하게 예수님의 십자가 이야기를 하면 오히려 더 우스워지게 되는 것입니다. 우리가 병원에서 의사들을 만났을 때 언제나 진지하고 신중한 것을 볼 수 있습니다. 그 이유는 그들이 사람의 생명을 취급하고 있기 때문에 말에 책임이 있기 때문입니다. 하물며 하나님의 영원한 진리를 다루는 사람들이 망령되고 쓸데없는 농담으로 사람을 웃기려 든다면 진리를 스스로 부정하는 것밖에 되지 않는 것입니다.

성경은 망령되고 헛된 말은 '독한 창질의 썩어져감과 같다'고 했습니다.

우리 몸에 엄청난 창질이 있으면 거기서 나오는 고름이나 살이 썩는 냄새가 얼마나 지독한지 모릅니다. 마찬가지로 우리 인간의 잠재의식은 완전히 인생의 쓰레기 구정물 통과 같습니다. 그래서 여과 없이 자기 생각이나 감정을 쏟아놓는 것보다 더 고통스러운 것은 없습니다. 이것은 완전히 쓰레기 썩는 냄새가 같은 것입니다.

깨끗한 그릇으로 준비하라.

사도 바울은 두 번째로 그릇의 비유를 들어서 설명하고 있습니다.

"큰 집에는 금과 은의 그릇이 있을 뿐 아니요 나무와 질그릇도 있어 귀히 쓰는 것도 있고 천히 쓰는 것도 있나니 그러므로 누구든지 이런 것에서 자기를 깨끗하게 하면 귀히 쓰는 그릇이 되어 거룩하고 주인의 쓰심에 합당하며 모든 선한 일에 예비함이 되리라"(20-21절)

큰 집에는 여러 종류의 그릇이 있습니다. 금 그릇도 있고 은그릇도 있고 사기그릇도 있고 나무 그릇도 있을 것입니다. 아마 귀한 손님이 오면 은그릇이나 금 그릇을 내어 놓을 것입니다. 그리고 보통 사람들이 오면 사기 그릇이나 나무 그릇을 내어 놓을 것입니다. 그런데 주인의 집에는 많은 그릇들이 있는데 이 그릇이 사용되는 전제는 깨끗케 되는 것입니다. 물론 그릇의 재료들은 다양하고 사람들의 자질도 다양하지만 쓰이는데 중요한 전제는 그릇은 깨끗해야 하는 것입니다.

사도 바울은 그 깨끗케 된다고 하는 것이 무엇인지 설명을 하고 있습니다.

"또한 네가 청년의 정욕을 피하고 주를 깨끗한 마음으로 부르는 자들과 함께 의와 믿음과 사랑과 화평을 좇으라"(22절)

청년이라고 하는 시기는 육체적인 정욕이 가장 왕성할 때입니다. 가만히 있기만 해도 온 몸에서 정욕이 넘칠 때인데 어떻게 자신의 순결을 지킬 수 있겠습니까? 이것은 사람의 힘으로는 불가능합니다. 오직 하나님의 말씀을 의지해야만 정욕을 물리칠 수 있는 것입니다. 그리고 청년 때에는 자기 주관이 아직 분명하게 세워지지 않았기 때문에 많은 사람들의 이야기를 듣고 혼란을 겪을 때입니다. 이 소리를 들으면 이 소리가 옳은 것 같고 저 소리를 들으면 저 소리가 옳은 것 같습니다. 또한 세상적으로 성공하고 싶은 야망이 너무나도 강하기 때문에 양심을 팔아서라도 일단 사람들의 인정을 받고 싶은 마음이 있습니다.

괴테의 파우스트를 보면 성공하고 싶어서 자기 양심을 악마에게 팔아버립니다. 그런데 젊은 사람들 중에서는 성공할 수만 있다면 수단과 방법을 가리지 않겠다고 생각하는 사람들이 얼마든지 많이 있습니다.

이 모든 것에서 우리를 깨끗케 해야 하나님이 쓰실 수 있는 그릇이 되는 것입니다. 그런데 이 모든 것을 해결할 수 있는 방법은 한가지입니다.

즉 우리가 사람의 자질에 차이가 있다는 것은 인정하지 않을 수가 없습니다. 아예 태어나면서부터 자질이 뛰어난 사람이 있는가 하면 훌륭한 가문에서 좋은 교육을 받은 사람도 있습니다. 우리는 나무 그릇을 한 순간에 금 그릇이 되게 할 수는 없습니다. 그러나 그릇이라고 하는 것은 재료보다 더 중요한 것이 그 안에 담기는 내용입니다. 아무리 금 그릇이라 하더라도 그 안에 떡을 담으면 떡 그릇이 되는 것이고 아무리 은그릇이라 하더라도 자장면을 담으면 자장면 그릇이 되는 것입니다.

우리 인간의 자질 보다 더 중요한 것은 그 사람 속에 담기는 내용입니다.

사도 바울은 자기 자신에 대하여 '질그릇 속에 보화가 담기었다'고 말을 했습니다. 사도 바울은 자기 자신을 금 그릇이라고 말하지 않았습니다. 오히려 질그릇이었습니다. 질그릇은 그릇 중에서 가장 싼 그릇이었습니다. 그러나 그 안에 담긴 것은 놀라운 하나님의 보화였습니다. 그래서 우리 자신을 깨끗케 하는 것과 보화를 담는 것은 결국 같은 것입니다. 내 속에 하나님의 말씀을 자꾸 담으면 우리는 존귀해지게 되어 있고 순결해지게 되어 있습니다.

우리는 아무리 수양을 쌓고 금욕적인 생활을 한다고 해도 근본적으로 완전히 순결하게 되지는 않습니다. 그러나 하나님의 말씀을 담으면 말씀이 우리를 깨끗케 할 것입니다. 그리고 우리를 존귀하게 만들 것입니다.

다른 사람에 대한 온유한 자세.

사도 바울은 진리에 바로 서 있지 못한 자에 대하여 두 가지 자세로 대하고 있습니다. 하나는 대단히 비판적이며 공격적인 자세입니다.

"저희 말은 독한 창질의 썩어져감과 같은데 그 중에 후메내오와 빌레도가 있느니라. 진리에 관하여는 저희가 그릇되었도다. 부활이 이미 지나갔다 하므로 어떤 사람들의 믿음을 무너뜨리느니라"(17-18절)

여기에 나오는 후메내오와 빌레도라는 사람은 진리에 대하여 일시적으로 오해를 하고 있는 사람이 아니었습니다. 이 사람은 겉으로는 그리스도인이라고 하지만 실제로는 성경적인 신앙을 버리고 헬라의 철학으로 돌아선 사람들이었습니다. 이 당시 유행하고 있던 철학이 플라톤 철학인데 인간의 육체는 더럽고 추하기 때문에 하나님의 아들이 육체로 부활할 리가 없다고 가르친 것입니다. 즉 부활이라는 것은 어디까지나 정신적인 부활이지 육체로 부활하는 것은 아니라고 가르친 것입니다. 사도 바울은 이것은 완전히 썩은 냄새가 나는 인간의 사상이며 하나님의 진리는 이런 인간의 주장이나 상상으로 무너지거나 흔들리지 않는다고 분명히 말을 했습니다.

"그러나 하나님의 견고한 터는 섰으니 인침이 있어 일렀으되 주께서 자기 백성을 아신다 하며 또 주의 이름을 부르는 자마다 불의에서 떠날찌어다 하였느니라"(19절)

이것은 마치 바닷가나 강가에서 아무리 물이 밀려와도 결코 물에 휩쓸리지 않는 견고한 반석을 생각나게 합니다. 하나님의 바른 진리 위에 세워진 자들은 아무리 인간의 사상이 밀려오고 파고 들어와도 휩쓸려가지 않는 것입니다. 그리고 진정으로 예수 이름을 부르는 자들은 이런 불의에서 떠나라고 경고를 하고 있습니다. 왜냐하면 이것은 어디까지나 마귀의 사상이요 멸망의 사상이기 때문입니다.

그러나 이런 문제가 아니고 일시적으로 진리에 대하여 혼동을 겪고 있는 자들은 마치 어린 아이를 가르치듯이 온유함으로 잘 가르치라고 말씀하고 있습니다.

> "마땅히 주의 종은 다투지 아니하고 모든 사람을 대하여 온유하며 가르치기를 잘하며 참으며 거역하는 자를 온유함으로 징계할지니 혹 하나님이 저희에게 회개함을 주사 진리를 알게 하실까 하며 저희로 깨어 마귀의 올무에서 벗어나 하나님께 사로잡힌바 되어 그 뜻을 좇게 하실까 함이라"(24-26절)

여기에 보면 '마귀의 올무에서 벗어나' 라는 말이 나옵니다. 고라니라든지 노루 같은 야생동물이 올무에 매여서 몸부림을 칠 때 아무리 말로 나오라고 해도 되지도 않습니다. 그리고 올무를 몸에 매단 채 자꾸 도망을 치기 때문에 도와줄 수도 없습니다. 이럴 때에는 아주 조심스럽게 접근을 해서 두려워하거나 불안하지 않게 하고 그 올무를 분명히 제거를 해주어야 합니다.

  결국 이 세상 사람들은 야생의 본성을 가지고 있기 때문에 우리가 무턱대고 접근을 하면 도망을 치게 됩니다. 마귀의 올무에 매인 채로 달아납니다. 우리는 야생 동물학자들이 새나 짐승들에게 접근하듯이 그들을 잘 알아야 합니다. 또 그들의 방법에 맞게 접근해서 하나님의 사랑에 붙들리게 해야 합니다. 결국 우리는 모두 하나님의 사냥꾼인 셈입니다. 마귀의 올무에 매인 자들을 풀어서 하나님의 자녀가 되게 해야 합니다. 그런데 놀라운 것은 하나님의 말씀으로 나가면 반드시 열매가 있고 부흥이 일어난다는 사실입니다.

04
진리의 가치(1)
딤후 3:1-9

경북에는 아주 오래된 고택들이 많이 있습니다. 그런 오래 된 집안들 중에서는 오래 전에 조상들이 수집해서 보관하고 있던 문헌들이 내려오는 집안들이 있습니다. 그런 문헌들 중에서 아주 드물게 국보급의 가치가 있는 문헌들이 있습니다. 그런데 자손들은 무식해서 그 가치를 모르니까 귀찮기도 하고 해서 고물상에 헌 종이 값으로 팔아버리는 것입니다. 그런데 그 고서들 중에서 전문가들의 손에 들어가서 그 가치를 인정받는 것이 있습니다. 그러면 그 책은 그야말로 휴지인 줄 알았는데 수억 원을 줘도 구할 수 없는 국보급 보물로 변하게 되는 것입니다.

종교개혁자 칼빈은 보통 신학자로 알려져 있습니다. 그래서 사람들은 대개 그의 '기독교 강요'를 가치 있게 생각을 했습니다. 그러나 실제로 칼빈에게 중요한 것은 그의 강해 설교였습니다. 칼빈은 아주 가치 있는 강해 설교를 많이 했는데 그 원고가 제네바 대학 도서관에 보관되어 있다가 어느 관리인이 별로 가치가 없는 것인 줄 알고 고물상에 팔아 넘겨버렸습니다. 그런데 어떤 사람이 고물상에서 칼빈의 설교가 폐품 처리되기 바로 전에 일부를 발견해서 지금 남아 있게 된 것입니다. 그러니까 이 세상에는 그 가치를 모르는 사람들에게는 휴지 밖에 되지 않는 것이 많습니다. 하지만 그 가치를 제대로 볼 줄 아는 사람에게는 돈으로 환산할 수 없는 어마어마한 보물로 변하는 것입니다.

또 다른 대표적인 한 예가 이스라엘 지역 사해 바다 근처 한 동굴에서 발견된 두루마리였습니다. 사해 언덕에 한 동굴이 있었는데 양치는 한 소년이 심심해서 거기에 돌을 던졌습니다. 그랬더니 그 안에서 항아리가 깨어지는 소리가 났습니다. 그래서 이 소년은 뭔가 대단한 것이 있는가 하고 가보니까 쓸데없는 아주 오래된 두루마리 글들만 잔뜩 나왔습니다. 그런데 그 오래된 두루마리가 도저히 금전으로 환산할 수 없는 보물 중의 보물이었습니다. 대개 이스라엘 랍비들의 글이라고 해도 주후 백년이나 이백년 경의 문헌들이 가장 오래된 것인데 사해 동굴에서 나온 것은 예수님 오시기 전 백년 경의 글들이 무더기로 쏟아져 나왔습니다. 거기에 보면 거의 완벽한 이사야서 그리고 말라기서와 하박국서 일부 같은 자료들이 나왔습니다. 지금 그 자료들은 이스라엘의 국보가 되어 있습니다.

오늘 이 세상 사람들이 가치를 모르고 있는 것 중에서 어마어마한 보물의 가치를 가지고 있는 책이 하나 있습니다. 이것은 단순히 오래되었기 때문에 가치가 있는 것이 아니라 그 안에 우리를 바로잡아 주고 우리를 보배롭게 만들어주는 진리가 들어있기 때문에 보물 중의 보물인 것입니다. 그것이 바로 우리가 가지고 있는 성경입니다. 그러나 사람들은 마지막 때가 되면 될수록 이 성경의 가치를 모르고 더욱 더 자기 욕심을 따라서 살게 될 것입니다. 이 세상에서 가장 부요한 사람은 바로 이 성경의 진리를 캐내어서 자기 것으로 만드는 사람들인 것입니다.

특별한 시대.

성경은 앞으로 아주 특별한 시대가 올 것이라고 예언을 하고 있습니다.

그 시대는 모든 사람들이 행복하게 잘 사는 시대도 아니고 전쟁이 없는 평화의 시대도 아니고 무엇이라고 말할 수 없는 무엇인가 색다른 시대가 올 것이라고 말씀하고 있습니다.

"네가 이것을 알라. 말세에 고통 하는 때가 이르리니"(1절)

여기서 '말세'라고 하는 것은 구약의 입장에서 볼 때 앞으로 도래할 아주 특별한 한 시대를 말합니다. 이 말세라고 하는 것은 예수님이 오심으로 시작된 시대입니다. 즉 이 세상에 임할 메시야의 시대를 말하는 것입니다. 이때에는 두 가지 현상이 나타날 것입니다. 하나는 하나님의 온전하신 진리가 선포될 것입니다. 그리고 누구든지 주의 이름을 부르는 자들에게는 남종과 여종에게 하나님의 신을 부어주실 것입니다. 그러니까 이 말세라고 하는 것은 엄청난 축복의 시대이요 능력의 시대요. 그야말로 인간이 타락한 이후에 제대로 하나님의 말씀과 능력으로 살 수 있는 시대인 것입니다. 그러나 또 다른 한 가지 현상이 일어나게 됩니다. 그것은 인간의 정욕과 이기심도 거의 무제한적으로 인정되는 시대가 오게 되는 것입니다. 그래서 어떻게 보면 인간으로서는 최고의 전성기 중의 전성기를 누리게 되는 것입니다. 즉 이 세상에서 자기 정욕을 위해서 살고 싶은 사람은 얼마든지 정욕을 위하여 살 수가 있습니다. 그러나 하나님의 진리의 가치를 깨닫고 이 말씀을 붙들고 사는 사람들에게는 또한 거의 무제한적인 말씀과 성령의 능력이 나타나는 시대인 것입니다.

그래서 사도 바울은 13절에 이렇게 말씀을 했습니다.

"악한 사람들과 속이는 자들은 더욱 악하여져서 속이기도 하고 속기도 하나니"

우리가 생각하기에 이 놀라운 메시야의 시대가 오면 모든 사람들이 하나님의 진리 앞에 나와서 성령 받고 능력 받고 축복받을 것 같은데 실제로는 그렇지가 않은 것입니다. 오히려 더 방종하고 더 탐욕스럽고 더 악하여져서 죄를 먹고 마시면서 사는 사람들도 더 많아지게 되는 것입니다. 그래서 하나님의 놀라운 축복의 시대가 혼동의 시대이고 악과 선이 공존하는 시대가 되는 것입니다. 결국 이 말세에 인류는 두 부류로 분명하게 나누어지게 됩니다. 하나는 더 자기 정욕을 추구하고 더 욕심대로 이기적으로 악하게 사는 사람들과 이런 가운데서 하나님의 진리의 가치를 발견해서 진리를 찾으면서 성령 받고 능력 받고 하나님의 축복 가운데서 사는 사람들이 있게 되는 것입니다.

그러면 이 두 가지 모두가 아닌 어중간한 사람들은 없을까요? 사실은 어중간한 상태에 있는 사람들도 많이 있게 됩니다. 그런 사람들을 다 통틀어서 사도 바울은 '고통 하는 때가 온다' 라고 말하고 있는 것입니다.

여기서 왜 사도 바울은 '말세'의 특징을 다른 말도 아니고 '고통 하는 때'이라는 말로 표현을 했을까요? 사실은 인간들이 죄를 짓는 것이 실제로는 말할 수 없는 고통이기 때문입니다. 사람들이 술을 마시거나 욕을 하거나 음란한 짓을 할 때 자기 자신은 못 느끼지만 사실은 이것이 엄청나게 고통스러운 것입니다. 술을 마신 사람의 예를 들어보면 일단 술을 마시니까 취해서 기분이 좋은 것 같지만 실제로는 느끼지 못하는 것뿐이고 온 몸이 고통 가운데 있고 뇌와 장과 감정과 정신이 실제로는 엄청난 고통을 겪고 있는 것입니다.

나중에 술이 깰 때보면 얼마나 머리가 아픈지 모르고 특히 술 중독이 된 사람이 술을 마시지 않았을 때 오는 금단 증세는 거의 죽을 것 같은 상태가 오는 것입니다. 바로 이 금단증세가 술 마신 사람의 진정한 상태인 것입니다.

또 사람들이 음란한 짓이 즐겁다고 생각을 할지 모르지만 이 음란한 짓을 할 때마다 실제로는 독약을 한 사발씩 마시는 것과 같습니다. 그러니까 사람들이 나중에 후회하면서 하는 말이 '쾌락은 그야말로 한 순간 잠깐인데 죄의식과 고통은 너무나도 끔찍하다'는 고백을 합니다.

마귀는 사람들에게 죄짓는 것이 엄청난 기쁨이고 쾌락이라고 속이지만 실제로는 이것이 엄청난 고통인 것입니다.

C. S. 루이스라는 사람은 '고통의 문제'라는 책에서 '고통이라는 것은 인간들이 진정한 축복이신 하나님과 바른 관계에 있지 못하기 때문에 어쩔 수 없이 겪어야 하는 것'이라고 말하고 있습니다.

예를 들어서 어떤 집에서 아이가 부모님에게 반항을 해서 집을 뛰쳐나갔습니다. 그래서 나쁜 아이들과 모여서 술을 마시고 담배를 피우고 정말 자유롭게 행복하게 지냈습니다. 돈이 필요하면 주유소나 피자집 같은데서 아르바이트하면서 너무나도 자유롭게 살아가고 있습니다. 그런데 이것이 과연 행복한가 하면 결코 행복하지 않다는 것을 깨닫게 됩니다. 즉 부모님이나 가정이 얼마나 필요한가 하는 것을 깨닫게 되는 것입니다.

그러나 하나님을 믿는 사람들에게도 이 세상은 고통의 때입니다. 왜냐하면 우리가 이런 죄짓는 세상에서 하나님께로 돌아오려면 세상에서 너무나도 포기해야 할 것이 많은 것입니다. 이것은 마치 남극에서 북극으로 옮기는 것과 같습니다. 우리가 제대로 하나님을 믿으려면 세상의 정욕과 야망과 방탕함과 지저분한 즐거움 등등 재미있는 것들은 모두 다 버리고 정말 세상적으로는 재미없는 세계로 가야 하는 것입니다. 그래서 많은 사람들이 예수 믿는 것을 두려워하는 이유는 너무나도 많은 세상의 즐거움들을 포기하는 것이 겁이 나기 때문입니다. 그럼에도 불구하고 예수 믿는 사람들이 많이 생기는 이유는 이 세상 즐거움이나 쾌락보다 더 강한 하나님의 손길이 우리를 붙잡아 주시기 때문입니다.

특히 우리는 예수를 믿으면서도 자꾸 세상 사람들이 사는 것을 보면 나 혼자 손해를 보는 것 같고 세상에서 실패한 것 같아서 자꾸 혼동이 생기게 됩니다. 이것도 우리 믿는 자들에게는 적지 않은 고통인 것입니다. 우리가 어중간하게 믿으려고 한다면 예수 믿는 것이 고통이 될 수 있을 것입니다. 요즘은 많은 사람들이 이것도 아니고 저것도 아닌 회색지대에서 살고 싶어 하는데 사실 신앙적으로 회색지대에 있는 것은 고통이 될 것입니다. 우리는 분명히 하나님의 성령의 지대 안에 있어야 합니다. 하나님이 주시는 은혜와 능력으로 기뻐할 때 이 세상을 진정으로 기쁨으로 살 수가 있는 것입니다.

믿지 않는 사람들의 특징.

우리가 생각하기에 말세에 하나님의 진리가 선포되고 성령이 남종과 여종들에게 부어진다면 많은 사람들이 진리의 영향을 받을 것 같습니다. 그래서 조금은 사람들이 좀더 양심적이 되고 조금 더 신사적이 될 것 같습니다.

그런데 성경이 말씀하는 이 복음의 시대의 사람들의 특징은 분명히 외적으로는 그런 특혜나 축복을 누리지만 속사람은 오히려 더 폐쇄적이 되고 오히려 더 복음의 영향력을 거부하게 된다는 것입니다.

사람들은 현대에 오면 올수록 더 문명화가 되었다고 생각을 합니다. 그래서 우리 인간들은 현대에 보면서 지식 정보가 엄청나게 많아졌고 교통 통신의 발달은 말할 수 없이 편리해졌습니다. 그러나 우리 인간들의 마음이 옛날 사람들보다 더 인정이 많아지거나 순수하거나 착해졌다고는 결코 말할 수 없을 것입니다. 왜냐하면 인간들은 더 영악해지고 더 이기적이 되고 더 탐욕스럽게 변했기 때문입니다.

예를 들어서 처음에 바이러스 균이 생기면 웬만한 항생제를 먹거나 주사를 맞으면 다 치료가 되게 됩니다. 그러나 그 다음에 생기는 바이러스는 그 항생제에 대한 내성을 가진 신종이 등장하게 됩니다. 그리고 그 후에는 또 새로운 항생제가 개발이 됩니다. 그러다가 나중에는 어떤 약도 통하지 않는 아주 지독한 바이러스가 등장하게 되는 것입니다.

　사람들도 발전하는데 더 영악하고 더 못되고 더 지독한 쪽으로 발전하는 것 같습니다. 그래서 오늘날 우리 인간은 거의 어떤 약으로도 고칠 수 없는 지독한 신종 바이러스처럼 되어 있는 것입니다. 하지만 이 치유 불가능한 인간들을 하나님의 말씀은 치료를 하는 것입니다.

　오늘 말씀은 시대가 가면 갈수록 우리 인간들이 어떻게 변할지 말씀하고 있습니다.

> "사람들은 자기를 사랑하며 돈을 사랑하며 자긍하며 교만하며 훼방하며 부모를 거역하며 감사치 아니하며 거룩하지 아니하며 무정하며 원통함을 풀지 아니하며 참소하며 절제하지 못하며 사나우며 선한 것을 좋아 아니하며 배반하여 팔며 조급하며 자고하며 쾌락을 사랑하기를 하나님 사랑하는 것보다 더하며"(2-4절)

　우선 사람들은 마땅히 사랑해야 할 것을 사랑하지 않고 잘못된 것을 사랑하게 됩니다. 그 중에 마땅히 하나님을 사랑하고 진리를 사랑해야 하는데 자기를 사랑하고 돈을 사랑하고 쾌락을 사랑합니다.

　물론 사람이 자기 자신을 사랑하는 것은 중요합니다. 그러나 사람이 진정으로 자기 자신을 사랑할 수 있을 때는 진정으로 하나님을 만났을 때입니다. 하나님을 만나지 못했을 때 자기를 사랑하는 것은 자기를 사랑하는 것이 아니라 자기 정욕과 야망을 사랑하는 것입니다. 그리고 돈을 사랑합니다. 사실 돈이라고 하는 것은 재산이며 가치가 있는 것입니다. 그러나 여기서 돈을 사랑한다는 것은 돈만 사랑하는 것을 말합니다. 오직 돈만 목적으로 하며 돈만 생각하는 것입니다. 이것은 모든 인간성을 상실하는 것입니다.

또한 대단히 이기적이고 자기중심적인 삶을 살게 됩니다.

'자긍한다'는 것은 자기 스스로 만족한다는 뜻입니다. 즉 자기 자신에 대하여 도취하는 것입니다. 왜냐하면 자기 세계 안에는 오직 자기 혼자만 존재하기 때문입니다.

생 떽쥐베리의 '어린 왕자'를 보면 사람들이 모두 자기별을 하나씩 차지하고 있는 이야기가 나옵니다. 사람들은 모두 자기 세계를 가지고 있기 때문에 자기 혼자서 스스로 만족하고 감격해 합니다. 그리고 교만합니다. 왜냐하면 더 이상 인간의 가치를 속사람으로 보지 않기 때문에 다른 사람들을 자기 욕망을 위한 희생물로 삼아도 된다고 생각하는 것입니다. 인간의 교만은 자기 행복만 중요하지 다른 사람의 행복은 자기 욕심을 위해서는 얼마든지 파괴되어도 된다고 생각합니다. 하지만 진정한 사람은 다른 사람들도 모두 행복할 자격이 있다는 것을 알고 있습니다. 이 세상에 존재하는 모든 사람들이 자기 나름대로 행복하게 살 권리가 있는 것입니다.

그리고 부모마저도 거역합니다. 왜냐하면 더 이상 나의 삶에 다른 사람이 필요 없다고 생각하는 것입니다. 모든 사람들을 자신의 삶에서 몰아내어버립니다. 이것은 일종의 정신적인 자폐증인 것입니다. 오직 자기의 세계 안에 갇혀 있기 때문에 다른 사람에 대하여 생각을 할 능력이 없습니다.

세 번째는 다른 사람에 대하여 관대하지 못합니다. 여기에 보면 원통함을 풀지 아니하며 참소하며 절제하지 못하고 사나우며 선한 것을 좋아하지 않습니다. 다른 사람에 대하여 조금이라도 좋지 않는 감정이나 생각이 있으면 그것을 참지 못하는 것입니다. 왜냐하면 정신적으로 유아 상태이기 때문입니다. 머리는 큰데 가슴이 자라지 않습니다. 그래서 원통함을 풀지 않고 꼭 말로 다른 사람을 공격을 합니다. 왜냐하면 공격을 해야 남이 나를 알아준다고 생각하기 때문입니다. 그리고 네 번째는 신실하지 못하기 때문에 믿을 수가 없습니다. 배반하여 팔며 조급하며 자고하며 쾌락을 하나님보다 더 사랑을 합니다. 그러니까 이런 사람을 어떻게 믿을 수가 있겠습니까?

산에 올라갈 때 가장 위험한 것이 벼락 맞는 나무를 붙잡는 것입니다. 그러면 바로 떨어지게 되어 있습니다. 왜냐하면 벼락 맞은 나무는 죽은 나무이기 때문에 나를 지켜주지 못합니다. 그러나 이런 사람이 또 신앙이 없는 것은 아닙니다.

"경건의 모양은 있으나 경건의 능력은 부인하는 자니 이 같은 자들에게서 네가 돌아서라"(5절)

경건의 모양은 있습니다. 겉으로 보기에는 잘 믿는 것 같고 열심히 있는 것 같은데 속으로는 비어있는 강정인 것입니다. 절대로 죄를 이기지 못합니다. 그 이유는 죄를 이기는 능력이 없기 때문입니다. 겉으로 신앙 지식은 많은 것 같고 입으로는 잘 믿는 것 같은데 사실 이런 사람의 경건은 자기 자신을 자랑하려고하는 위선적인 것입니다. 그리고 이런 사람들과 자꾸 어울리면 그런 위선적인 것을 배우게 되어 있습니다. 결국 이런 사람들과 자꾸 어울려서 좋은 것이 하나도 없습니다.

진리를 대적하는 자들.

우리는 이 세상에서 하나님의 진리보다 더 좋은 것을 없을 것 같은데 사실 사람들은 진리보다 거짓된 속임수를 훨씬 더 좋아하게 됩니다. 그 이유는 가짜는 손쉽게 자기가 원하는 것을 손에 넣을 수 있기 때문입니다.

한때 우리 사회에 가짜 명품이 많이 유행을 했던 적이 있습니다. 왜 사람들이 가짜 물건들을 만들어서 남에게 팔까요? 그것은 적게 수고하고 많은 것을 얻을 수 있기 때문입니다. 자기 재주로 진짜 상품은 도저히 만들 수가 없으니까 진짜와 비슷한 것을 만들어서 사람들의 허영심을 채우는 것입니다. 그러면 쉽게 많은 돈을 벌 수 있습니다. 또 사람들도 가짜를 사는 이유는 돈은 적게 들이면서 허영심은 채울 수가 있기 때문에 찾게 됩니다.

그러나 진짜 중요한 것은 가짜와 진짜의 차이는 엄청납니다. 예를 들어서 시계 같은 경우에는 명품이 모양만 좋은 것이 아니라 품질도 뛰어납니다. 그러나 가짜는 결국 얼마가지 않아서 고장이 나서 못쓰게 되어버리는 것입니다. 그런데 가짜 중에서 가장 무서운 가짜가 진리의 가짜입니다. 그 중에 대표적인 인물이 얀네와 얌브레 라는 사람입니다.

"얀네와 얌브레가 모세를 대적한 것 같이 저희도 진리를 대적하니 이 사람들은 그 마음이 부패한 자요 믿음에 관하여는 버리운 자들이라"(8절)

얀네와 얌브레는 출애굽기에는 이 사람들의 이름이 나타나지 않습니다. 아마 그들은 모세가 바로 앞에 서서 기적을 행할 때 모세를 대적해서 가짜 기적을 행했던 사람들이었던 것 같습니다. 그런데 이들의 마술이 얼마나 대단했는가 하면 거의 모세의 능력을 모방할 정도였습니다. 모세가 바로 앞에서 지팡이를 던져서 뱀이 되게 했습니다. 이것은 그야말로 나무가 뱀이 되는 기적이었습니다. 그런데 얀네와 얌브레도 지팡이를 던져서 뱀이 되게 했습니다. 그러나 그들이 던진 것은 실제로는 지팡이가 아니었습니다. 나무처럼 보이는 뱀이었던 것입니다. 애굽에는 뱀을 가지고 재주를 부리는 마술이 아주 많았고 뱀에게 마술을 걸면 얼마든지 지팡이같이 딱딱해질 수 있었던 것입니다.

모세는 기도를 해서 개구리가 나일강에서 올라오게 했습니다. 그래서 온 애굽 사람들의 집에 개구리가 충만했습니다. 그랬더니 이 얀네와 얌브레도 마술을 부려서 개구리가 몇 마리 올라오게 했습니다. 그러면서 자기들도 모세와 능력이 똑같다는 것입니다. 그런데 이들의 마술이 통하지 않은 것은 '이' 재앙부터였습니다. 이는 도통 마술이 걸리지 않았습니다. 그때부터 이 마술사들은 하나님의 능력이라고 하면서 두려워했습니다.

오늘 사람들은 진짜 진리보다는 가짜 진리를 훨씬 더 좋아합니다. 그 이유는 오랜 시간이 걸리지 않고 빨리 능력이 나타날 수 있다고 믿기 때문입니다. 그러나 이것은 속임수에 불과합니다. 우리의 믿음은 오랜 시간이 걸려서 진리가 조금씩 우리의 마음속에 녹아지면서 우리가 변하게 되는 것입니다.

그래서 우선 명품 진리의 특징은 평범합니다. 왜냐하면 성경 속에 들어 있는 진리는 뻔한 것 같기 때문입니다. 사람들은 남들이 다 아는 것 말고 남들이 모르는 어떤 특별한 진리를 배우기 원합니다. 그런데 그런 사람을 노리고 또 집집마다 찾아다니는 사람들이 있었습니다.

> "저희 중에 남의 집에 가만히 들어가 어리석은 여자를 유인하는 자들이 있으니 그 여자는 죄를 중히 지고 여러 가지 욕심에 끌린바 되어 항상 배우나 마침내 진리의 지식에 이를 수 없느니라"(6-7절)

이미 이때 가짜 진리가 돌고 있었습니다. 특히 이때 가짜는 기독교와 헬라 철학을 버물려 놓은 것이었습니다. 헬라 철학을 가지고 기독교를 접근한 것이니까 아주 수준이 높고 고상했습니다. 그리고 성경이 말하지 않는 이상한 영의 세계에 대하여 말을 많이 했습니다. 그런데 이런 가짜의 특징은 아무리 배워도 절대로 죄 용서의 체험은 없는 것입니다. 왜냐하면 이런 가짜는 죄 용서를 줄 자격도 없고 그런 권리도 없기 때문입니다. 그래서 무작정 공부만 하게하고 교만한 마음만 잔뜩 불어넣지 실제로는 죽을 때까지 죄 용서를 체험하지 못합니다. 왜냐하면 그 안에 예수님의 피가 없기 때문입니다. 예수님의 피가 없으면 죄 용서가 없고 죄 용서가 없으면 새 사람이 될 수가 없습니다. 그래서 절대로 앞으로 나아가지 못합니다.

> "그러나 저희가 더 나가지 못할 것은 저 두 사람의 된 것과 같이 저희 어리석음이 드러날 것임이니라"(9절)

결국 마술이라는 것이 무엇입니까? 눈을 속이는 것이지 진짜로 변하는 것은 아닙니다. 이 세상의 많은 영적인 가르침들은 모두 사람들이 추측한 것이지 진짜로 증명이 된 것이 아닙니다. 증명된 것은 오직 예수님의 부활과 성령이 오신 것밖에 없습니다. 이것을 믿지 않고 가짜를 믿으니까 아무리 은혜를 받고 기분이 좋아도 항상 제자리걸음일 수밖에 없습니다.

왜냐하면 언제나 뒤에서 죄의 끈이 당기고 있기 때문입니다. 그래서 사람이 굉장히 똑똑하고 잘 믿는 것 같은데 실제로는 좋아진 것이 아무 것도 없습니다. 그래서 더 믿음이 파선되게 됩니다. 실제로는 전혀 나아진 것도 없는데 본인은 엄청나게 앞으로 나아진 것으로 생각해서 절대로 남의 이야기를 들으려고 하지 않기 때문입니다. 결국 더 이상 평범하게 믿을 수가 없게 됩니다. 우리는 평범한 성경 진리 가운데 무궁무진한 하나님의 보물이 들어있는 것을 알아야 합니다. 이 진리를 캐내어 가지는 자가 진짜 부자며 복 받은 자입니다.

05
진리의 가치(2)

딤후 3:8-17

옛날 바다를 항해하는 사람들에게 가장 무서운 것은 도저히 예측할 수 없는 태풍이었습니다. 그래서 옛날 바다 사람들은 미신을 많이 섬겼고 어떤 때에는 성난 바다를 잔잔케 하기 위해서 살아있는 사람을 바다에 빠트려 죽이는 인신 제사까지 드리는 일도 있었습니다. 그러나 지금은 항해를 할 때 정확한 위성이 보내는 정보와 정확한 통신 장비를 통해서 배에서 태풍이 오는 위치를 다 파악해서 미리 피하기 때문에 얼마든지 안전하게 항해를 할 수가 있습니다.

우리가 이 세상을 살아가는 것은 안개가 끼어 있고 암초가 수두룩한 밤바다를 항해하는 배와 같습니다. 우리들이 안전하게 항해하기 위해서 필요한 것은 배 안에 많은 금이나 은이나 돈을 가지고 있는 것이 아닐 것입니다. 우리들에게 필요한 것은 정확한 정보와 통신일 것입니다.

그래서 우리는 이 세상 사람들이 가지고 있는 보물들이 두 가지 종류가 있다는 것을 알 필요가 있습니다. 하나는 정적인 보물입니다. 여기서 정적인 보물이라는 것은 우리가 손에 쥐고 있는 돈이나 어떤 지식 같은 것입니다.

얼마 전 어떤 신문에 의하면 복권에 당첨이 되어서 어마어마한 돈을 받은 사람들 중에서 수년 내에 빈털터리가 되지 않은 사람이 없다고 합니다. 그 이유가 무엇인가 살펴보니까 갑자기 엄청난 거금이 생기니까 다른데서 기부를 해 달라고 하는데도 많고 또 돈에 대한 감각이 없어서 닥치는 대로 소비를 하다보니까 결국은 돈은 다 없어지고 오히려 빚투성이가 되어버린 것입니다. 그러나 우리가 생각을 해봐도 우선 그 사람의 자식이 제대로 될 리가 없습니다. 왜냐하면 자식들은 부모가 하는 것을 전부 보면서 자랍니다. 그런데 부모가 이마에 땀을 흘려가면서 열심히 일을 해서 돈을 버는 것이 아니라 복권으로 갑자기 돈이 생겨서 정신없이 돈을 쓰는 것을 볼 때 그 자식들의 정신 상태가 절대로 제대로 될 수가 없는 것입니다.

그래서 예수님께서는 어떤 어리석은 부자 비유를 하신 적이 있습니다. 즉 어떤 부자가 쌓아 놓은 곡식이 아주 많은데 더 많은 것을 추수하게 되었습니다. 그래서 생각하다가 지금 있는 창고를 헐고 더 큰 창고를 만들어서 더 오래 먹고 살 수 있도록 만들었습니다. 그러나 그 부자는 그 날 저녁에 심장 마비로 죽어버렸습니다. 그의 재산은 그의 생명을 유지하는데 아무런 도움이 되지 못했던 것입니다. 더욱이 죽고 난 후에 하나님의 심판대에 서는데 아무런 도움이 되지 못했습니다.

그리스 신화에 보면 트로이 전쟁을 할 때 가장 용감한 사람이 아킬레우스이고 가장 머리가 좋은 사람이 오디세이입니다. 오디세이는 트로이 목마를 생각해 내어서 그 목마 안에 군인들을 넣어서 트로이 성을 멸망시킬 정도로 머리가 좋은 사람이었습니다. 그러나 승리한 그리스 군대는 돌아가면서 풍랑을 만나서 거의 다 죽습니다. 그리고 오디세이도 풍랑을 만나서 거의 십년 가까이 지중해를 떠돌아다니다가 나중에 혼자서 겨우 살아서 집으로 돌아가게 됩니다.

또한 미국 대통령 중에서 가장 외교면에 뛰어났던 사람은 아마 닉슨이었을 것입니다. 닉슨은 핑퐁 외교라고 해서 중국과 외교 관계를 열었습니다. 그러나 그는 얼마 후에 자신이 워터게이트 도청 사건으로 대통령 직을 사임하게 될 줄은 몰랐습니다. 이 세상에서 아무리 지혜 있고 아무리 똑똑한 사람들도 자신의 미래 운명에 대해서는 알지 못합니다.

결국 이 세상의 가장 큰 보물은 이 세상에 있는 돈을 긁어모으거나 권력을 잡거나 지혜가 있는 것이 아니라 하나님의 도움을 받을 수 있는 지혜라는 것입니다. 하나님께서는 그것을 전부 하나님의 말씀에 넣어서 우리에게 주셨습니다. 그래서 우리가 가지고 있는 이 성경은 이 세상의 지혜가 아니라 이 세상을 보는 하나님의 지혜입니다. 또한 그것은 눈에 보이지 않는 적이나 위기를 이길 수 있는 하나님의 능력입니다.

하나님께서는 너무나도 많은 위험과 위기와 어려움 가운데 살아가고 있는 우리들에게 이 모든 어려움을 다 이기고 놀라운 축복의 삶을 살 수 있도록 하나님의 말씀인 성경책을 주셨습니다.

여기서 우리에게 중요한 것은 두 가지입니다. 하나는 과연 우리가 성경책 안에 무궁무진한 하나님의 지혜와 능력과 축복이 있다는 것을 믿을 수 있느냐 하는 것입니다. 만약 하나님의 어마어마한 복이 성경 속에 있다는 것을 우리가 믿기만 한다면 성경을 파고 들 것입니다. 그러나 그것을 믿지 못하면 우리는 성경은 제쳐놓고 기독교적인 마인드를 가지고 다른 일을 열심히 하려고 할 것입니다. 그리고 또 하나는 진짜 성경 속에 어마어마한 보물이 들어 있다면 우리가 어떻게 그것을 캐낼 수 있겠느냐 하는 것입니다.

우리가 고시 공부를 하듯이 성경 연구를 한다고 해서 이 축복을 캐낼 수 있는 것도 아닙니다. 도대체 어떻게 해야 우리가 이 어마어마한 복을 나의 것으로 만들 수 있겠습니까?

영적인 암초를 이기는 법.

사도 바울은 먼저 모세의 예를 들어서 설명을 합니다. 옛날에 모세가 애굽에서 노예로 있는 이스라엘 백성들을 데리고 약속의 땅으로 가려고 했습니다. 그러나 그들을 잡아매고 있는 세력이 있었습니다. 물론 그것은 애굽 왕 바로였지만 바로를 뒤에서 조종하는 것이 있었습니다. 그들은 바로 얀네와 얌브레라고 하는 마술사였습니다.

"얀네와 얌브레가 모세를 대적한 것 같이 저희도 진리를 대적하니 이 사람들은 그 마음이 부패한 자요 믿음에 관하여는 버리운 자들이라"(8절)

지금 모세나 이스라엘 백성들은 애굽을 벗어나서 광야를 지나서 약속의 땅으로 가야 합니다. 그런데 애굽의 바로는 강한 군사력에다가 얀네와 얌브레같은 아주 강한 마술사의 힘도 가지고 있었지만 이스라엘 백성들은 힘이 하나도 없었습니다. 모세와 이스라엘 백성들은 초반부터 붙들려서 애굽을 떠날 수도 없었습니다. 오히려 바로는 이스라엘 백성들이 편하니까 엉뚱한 소리를 한다고 해서 더 힘들게 강제 노동을 시켰습니다. 이 세상의 지혜나 힘으로는 절대로 바로와 애굽의 마술사가 결탁된 이 사단의 힘을 이길 수가 없었습니다. 그러나 모세가 가지고 있는 진리는 하나님의 진리였습니다. 모세가 하나님의 진리를 붙들고 기도할 때 하늘에서는 하나님의 능력이 물 붓듯이 부어졌습니다. 얀네와 얌브레의 마술은 모세의 능력 앞에 꼼짝도 하지 못했습니다. 그리고 바로도 하나님의 능력 앞에서는 숨도 제대로 쉴 수가 없었습니다. 그 때 얀네와 얌브레는 바로 같은 권력자에게 붙어서 한 자리하고 또 마술을 부리는 것을 대단한 능력이라고 생각하고 있었지만 모세의 지팡이 앞에서는 아무 힘도 내지 못했습니다. 결국 진정한 능력은 하나님을 움직일 수 있는 능력이어야 합니다. 이것은 오직 믿음 밖에 없습니다.

사도 바울이 한창 능력을 나타내면서 귀신들린 사람들을 고칠 때 어떤 청년이 바울을 흉내 내면서 예수 이름으로 귀신들린 자를 고치려고 했을 때 그 사람 속에 있는 귀신이 오히려 다 발작을 하면서 '내가 바울도 알고 예수도 아는데 너는 도대체 누구냐?' 하면서 덤벼들어서 그 사람을 오히려 벌거벗기니 그 사람이 결국은 벌거벗은 채로 도망을 치고 말았습니다.

결국 이 세상에서 진정으로 멸망하지 않고 사는 길을 택하려고 하면 하나님과 연결되는 지식을 가져야만 합니다. 이것이 바로 하나님의 말씀입니다.

성령의 능력이 나타남.

바울은 원래 예수 믿는 사람들을 잡아 가두고 핍박한 사람이었기에 자기가 그렇게 능력 있는 주의 종으로 사용될 줄은 몰랐습니다. 그러나 바울은 일단 다메섹에서 예수님을 만난 후에는 다른 모든 자랑이나 세상 지식은 다 버리고 예수님의 말씀만 붙들었습니다. 그랬더니 이 말씀을 통하여 성령의 능력이 나타나기 시작했습니다. 결국 이 성령의 능력이 사도 바울로 하여금 상상할 수 없는 큰 믿음의 삶을 살게 했습니다.

> "나의 교훈과 행실과 의향과 믿음과 오래 참음과 사랑과 인내와 핍박과 고난과 또한 안디옥과 이고니온과 루스드라에서 당한일과 어떠한 핍박 받은 것을 네가 과연 보고 알았거니와 주께서 이 모든 것 가운데서 나를 건지셨느니라"(10-11절)

사도 바울의 삶에 중요한 특징은 자기가 원하는 삶을 산 것이 아니라 성령이 이끄시는 삶을 산 것이었습니다. 사도 바울은 자신의 사역에서 특징적인 것으로 '말씀과 행실과 의향과'라고 말을 합니다. 여기서 '의향'이라는 말은 '목적'을 말합니다. 즉 사도 바울은 닥치는 대로 산 것이 아니라 분명한 목적을 가지고 살았던 사람이었습니다. 그러나 그 목적이 옛날의 세상적인 목적이 아니었습니다.

사도 바울의 삶에는 두 가지 분명한 목적이 있었습니다. 하나는 할 수 있는 한 복음을 효과적으로 땅 끝까지 전하자는 것이었습니다. 그리고 또 하나는 철저하게 하나님의 말씀을 붙들고 하나님의 말씀을 연구하고 가르치는 삶이었습니다. 결국 이것이 사도 바울의 부흥의 비결이었습니다. 사도 바울은 전 세계에 걸쳐서 복음을 전하고 교회를 세우는 사람이 되었으며 신약 성경에도 가장 많은 서신서를 남기게 되었습니다. 그 비결은 역시 하나님의 말씀을 붙잡았을 때 성령의 능력이 넘치도록 그에게 부어졌기 때문입니다.

여기에 보면 '안디옥과 이고니온과 루스드라에서'라고 말하고 있습니다. 이곳은 그가 1차로 복음을 전했던 지역이었습니다. 여기 안디옥은 비시디아 안디옥인데 바울은 안디옥시 전체가 복음을 들으러 나오는 부흥을 체험했습니다. 그리고 이고니온에서는 앉은 뱅이 하나를 능력으로 치료하게 되었는데 온 도시 사람들이 바나바와 바울은 신이라고 하면서 제사를 드리려고 했습니다. 그리고 루스드라에서는 유대인들이 따라와서 바울을 돌로 쳐 죽였는데 바울은 하나님의 은혜로 다시 살아나서 계속 복음을 전하였습니다. 이것은 전부 다 놀라운 기적이었고 이 후에도 이런 기적은 계속 되었습니다.

사도 바울은 이런 많은 반대와 핍박 중에서도 성령의 능력으로 많은 사람들을 건질 수 있었습니다. 하나님의 백성들의 최고의 축복은 역시 부흥이 일어나고 많은 사람들이 죄에서 건짐을 받는 것입니다. 그런데 어떻게 바울에게는 이런 복음의 능력과 부흥이 계속 일어날 수 있었을까요? 그것은 그가 철저하게 하나님의 말씀을 붙잡았기 때문입니다.

이것은 구약 시대에도 마찬가지였습니다. 다윗은 사실 인간적으로는 뛰어난 사람이 아니었습니다. 오히려 인간적으로 뛰어난 사람은 사울 왕이었고 다윗의 형들이었습니다. 그들은 모두 인물도 좋았고 인간적인 능력도 훌륭했습니다. 그러나 다윗이 그들보다 뛰어난 점은 하나님의 말씀을 사랑하는 것이었습니다. 시편에 나오는 다윗의 그 많은 시들은 전부 성경 말씀을 묵상한 것들이었습니다.

놀라운 것은 다윗이 그렇게 하나님의 말씀을 사랑하니까 그에게서 성령의 능력이 나타나기 시작했습니다. 결국 그는 성령의 능력을 힘입어 양들을 훔치러 온 곰이나 사자나 이리들을 이겼을 뿐 아니라 블레셋 장수인 골리앗을 돌팔매로 때려죽여 버렸습니다. 다윗에게 너무나도 놀라운 성령의 능력이 나타나니까 사울 왕이 시기해서 그를 몇 번씩 죽이려고 했습니다. 왜냐하면 성령의 능력은 지저분하지가 않습니다. 너무나도 깨끗하고 숭고하고 파워풀한 것입니다. 다윗은 사울왕의 시기로 많은 고난을 겪었습니다. 그러한 가운데서도 다윗이 한 것은 자기를 따라온 사백 명을 하나님의 말씀으로 가르치는 것이었습니다. 하지만 그 결과 놀라웠습니다. 다윗 자신이 살게 되었습니다. 왜냐하면 하나님의 말씀을 가르치려면 자기가 연구해야 하는데 결국 그것이 하나님의 능력을 캐내는 시간이었기 때문입니다. 그리고 다윗은 다른 사람들에게 에워싸여 있었기 때문에 우울할 시간이 없었습니다. 그래서 다윗은 도망은 다녔지만 정신적으로는 아주 건강했습니다. 그러나 사울은 계속 다윗에 대하여 분노했고 하나님의 말씀을 멀리했기 때문에 나중에는 정신병이 걸리고 히스테리가 찾아오고 심지어는 무당까지 찾아가게 되었던 것입니다.

다윗이 하나님의 말씀을 붙드니까 다윗은 모든 적들을 다 이겼습니다. 그리고 이스라엘에 대부흥의 시기가 오게 했습니다. 대부흥의 시기라는 것은 한번도 시험에 빠지지 않고 계속 부흥만 일어나는 것을 말합니다.

물론 우리가 하나님의 말씀을 붙든다고 해서 처음부터 이런 축복의 역사가 나타나는 것은 아닙니다. 오히려 처음에는 인간적인 방법을 쓰는 사람에 비하여 실패한 것 같습니다. 심지어 우리가 말씀대로 살면 반드시 실패하고 망할 것 같습니다. 그러나 이 때 우리는 믿음을 상실해서는 안됩니다. 하나님의 말씀을 전적으로 의지해야 합니다. 그러면 이런 연단을 통해서 우리의 믿음이 점점 자라기 시작하면서 하나님의 능력이 점점 더 강하게 나타나기 시작합니다. 나중에는 도저히 감당할 수 없는 폭포수 같은 능력이 계속 쏟아 부어지기 시작하게 됩니다.

사도 바울은 이렇게 말을 했습니다.

"무릇 그리스도 예수 안에서 경건하게 살고자 하는 자는 핍박을 받으리라"(12절)

왜 하나님의 말씀을 붙들고 사는데 핍박을 받을까요? 우선 첫 번째는 자기 자신이 세상적인 방법으로 살 수 없는 것 때문에 고생을 하게 됩니다. 즉 우리가 하나님의 말씀을 처음 붙잡으면 세상적인 방법도 쓰지 못하고 하나님의 능력도 잘 나타나지 않습니다. 이때는 너무 힘이 없으니까 주위에서 누구든지 건드리고 집적거릴 수가 있습니다. 즉 두 가지 방법이 다 통하지 않으니까 이 세상에서 바보가 될 수밖에 없는 것입니다. 그래서 너무 무능해서 무시를 당하고 업신여김을 당하게 됩니다. 그러나 끝까지 믿음으로 인내할 때 성령의 능력이 나타나기 시작합니다. 그런데 그 능력은 너무나도 아름답고 강력하기 때문에 주위에서 모두 시기하기 시작합니다. 그래서 악성 루머를 만들어서 퍼트리기도 하고 어떤 때에는 직접적으로 언어로 공격을 하기도 합니다. 그러나 그렇게 하는 사람들 하나하나를 붙잡고 싸우면 안 됩니다. 끝까지 인내하면서 자기 길을 꾸준히 가면 결국 주위에 있는 사람들이 인정을 하면서 칭찬을 하게 됩니다.

말씀의 보화.

하나님의 말씀은 거대한 태산과 같습니다. 우리가 태산 안에 보물이 있다는 것은 알지만 실제로 거대한 산을 파내려가는 것은 쉽지가 않습니다. 우리가 어떻게 해야 성경 속으로 바로 들어갈 수 있을까요? 또 성경은 거대한 정글과 같습니다. 우리가 멋도 모르고 정글 안에 들어갔다가는 금방 길을 잃고 헤매게 됩니다. 성경은 너무 방대하고 이해가 안 되는 부분도 많고 재미가 없는 부분도 많이 있습니다. 도대체 어떻게 해야 이 엄청난 진리의 세계 속에 들어가서 어마어마한 보물을 캐낼 수 있겠습니까?

우리는 여기서 세 가지를 생각할 수 있습니다.

우선 첫째는 성경 말씀은 배워야 한다는 사실입니다.

"그러나 너는 배우고 확신한 일에 거하라. 네가 뉘게서 배운 것을 알며 또 네가 어려서부터 성경을 알았나니 성경은 능히 너로 하여금 그리스도 예수 안에 있는 믿음으로 말미암아 구원에 이르는 지혜가 있게 하느니라"(14-15절)

또한 여기에 보면 '배우며'라는 말이 두 번씩이나 나오는 것을 볼 수 있습니다. 가장 중요한 것이 성경을 배워야 합니다. 여기서 성경을 배우는 것은 가르쳐주는 사람이 있다는 것을 의미합니다.

성경은 바른 해석이 가장 중요합니다. 성경을 바로 해석하는 것이 바로 성경 안에서 보물의 원석을 캐내는 것입니다. 우리는 성경의 진리를 바르게 배워야 합니다. 디모데는 성경을 체계적으로 바로 배웠던 것입니다. 그 결과 그는 사도 바울의 후계자가 될 수 있었습니다.

그리고 두 번째는 들은 성경 말씀을 자신의 것으로 만드는 과정이 필요합니다. 이것을 '확신한 일에 거하라'고 말씀하고 있습니다.

우리가 들은 말씀을 자신에게 적용할 때에 그 원석은 나의 보물로 만들어지게 됩니다. 그래서 우리는 성경을 반드시 적용을 해야 합니다. 말씀을 우리의 삶속에 적용하지 않으면 아무런 의미가 없습니다.

그리고 세 번째로는 체계적인 접근이 필요한 것입니다. 성경은 마치 거대한 산이나 정글과 같기 때문에 한 숨에 욕심을 낸다고 해서 정복할 수 있는 것이 아닙니다. 긴 시간을 두고 체계적으로 접근을 해 들어가야 그 엄청난 말씀을 나의 것으로 만들 수가 있습니다. 그런데 디모데는 사실 '어려서부터 체계적으로' 말씀을 배웠던 것입니다.

사도 바울은 우리가 체계적으로 성경을 배워나갈 때 크게 두 가지 유익이 있다고 말씀하고 있습니다. 그 하나는 우리가 '그리스도 예수 안에 있는 믿음'에 있게 되는 것입니다. 우리가 어떻게 그리스도 안에 있을 수 있습니까? 주님의 말씀 안에 있으면 그렇게 됩니다. 그리고 우리가 예수 그리스도 안에 있으면 하나님 안에 있게 됩니다. 그래서 우리는 말씀을 통해서 하나님의 보물 창고 안에 마음대로 들어가게 됩니다. 그리고 또 하나의 유익은 '구원에 이르는 지혜'가 있게 하는 것입니다. 여기서의 구원은 무엇을 말하겠습니까? 모든 위기로부터 구원받는 것을 다 말합니다. 우리는 이 세상에 살면서 많은 위기를 만나게 됩니다. 그때 하나님의 지혜는 이 모든 위기에서부터 우리를 건져줄 것입니다. 왜냐하면 하나님은 우리가 말씀만 붙들면 다른 것은 다 책임을 져주신다고 약속을 하셨기 때문입니다.

사도 바울은 여기서 성경의 엄청난 가치에 대하여 말씀하고 있습니다.

> "모든 성경은 하나님의 감동으로 된 것으로 교훈과 책망과 바르게 함과 의로 교육하기에 유익하니 이는 하나님의 사람으로 온전케 하며 모든 선한 일을 행하기에 온전케 하려 함이니라"(16-17절)

모든 성경은 성령의 영감으로 기록된 것입니다. 그래서 그전부가 순수한 하나님의 말씀입니다. 그리고 여기 영감이라는 말은 원래 '입김'이라는 뜻입니다. 성경은 '하나님께서 입김을 불어 넣으신 말씀'입니다. 그래서 성경은 죽은 말씀이 아니고 살아있는 말씀입니다. 우리는 이 말씀 안에서 하나님의 숨소리를 느낄 수 있는 것입니다.

성경의 가장 큰 장점은 우리가 나아가야 할 바를 정확하게 가르쳐준다는 것입니다. '교훈과'라고 할 때 '교훈'은 우리 인생이 나아가야 할 정확한 방향을 말합니다. 또한 하나님의 말씀은 우리를 '책망'합니다. 이 책망이 아주 중요합니다. 왜냐하면 우리가 죄를 깨닫고 돌이킬 수 있기 때문입니다. 그리고 다시 부흥의 길과 축복의 길로 돌아설 수 있기 할 뿐아니라 지속적으로 의의 길로 갈

수 있게 합니다. 성경은 결코 우리로 하여금 헤매게 하거나 시행착오를 하게 하는 책이 아닙니다. 그러나 우리 인간들은 이런 말씀이 있어도 늘 넘어지고 실패하는 존재들입니다.

성경은 하나님의 사람으로 온전케 하는데 이것은 우리를 완전히 무장을 시키는 것과 완전히 기술적으로 준비시키는 두 가지 의미가 있습니다. 준비가 되면 자유자재로 하나님의 능력으로 끝까지 축복의 길을 달려갈 수 있게 되는 것입니다. 성경은 이 세상에 유일한 하나님의 진리의 보고입니다. 성경만이 우리를 능력 있게 할 것이며 결코 실패하지 않게 할 것입니다.

06
말씀의 종의 사명

딤후 4:1-22

옛날에 우리나라에서 목사에 대한 직업의 인기를 조사했을 때 이발사 다음이었다는 발표가 있었습니다. 옛날에는 정말 목사님의 보수가 적었고 사회적인 인식도 높지 못했기 때문에 가난하고 힘든 직업이었습니다. 특히 목회자의 자녀들은 아버지가 너무 돈을 벌지 못하시고 교회에서 사람들에게 고생하는 것만 보았기 때문에 '목사'의 직업이라고 하면 고개를 쩔레쩔레 흔들 정도였습니다. 그러나 요즘 목사에 대한 인기 조사를 한다면 옛날보다는 상당히 높게 나타날 것이라고 생각됩니다. 특히 도시의 대교회의 목회자들이나 한창 부흥하고 있는 이름 있는 교회의 목회자들은 웬만한 인기 있는 직업보다 더 높은 인기와 보수를 받을 것입니다. 이것은 세상이 벌써 그만큼 변한 것입니다.

저는 목회자의 길보다는 평신도의 길을 원했습니다. 그래서 이 세상에서 직업을 가지고 열심히 전도도 하고 또 교회에 충성하리라고 생각을 했습니다. 그러나 제가 교회에서 말씀을 듣지 못하니까 제 영혼이 살수가 없었습니다. 제 영혼이 병들어 갔고 제 아내의 신앙이 싸늘하게 냉소적으로 식어가고 있었습니다. 그래서 저는 우선 제가 살고 제 아내를 살리기 위해서 말씀을 붙잡지 않을 수 없었습니다. 특히 목회의 길은 생각하지도 못했습니다. 무엇보다 주님께서 저를 목회의 길로 몰고 가셨을 때 저는 어떻게 해서든지 이 길을 가지 않으려고 애를 많이 썼습니다. 그러나 결국 주님의 강권적인 역사에 의하여 이 말씀의 종이 되었을 때 이 길이 얼마나 복되며 영광된 길인지 깨닫고 감사를 드리게 되었습니다. 하나님은 이 길에서 저에게 최고로 좋은 복을 물 붓듯이 부어주셨고 성도들에게도 엄청난 복들을 쏟아 부어주셨습니다. 아마 우리나라가 정치적으로 가장 혼란스러웠을 때 저나 우리 성도님들에게 이 하나님의 말씀이 없었더라면 우리는 너무 절망했을 것입니다. 그러나 하나님의 말씀이 우리에게 소망을 가지게 했고 또 실제로 이 세상을 바꾸어 주셨습니다.

디모데는 2000년 전에 목회자로 부름을 받은 사람이었습니다. 그때는 정말 목회자라고 하면 이발사 다음이 아니라 다른 사람들이 보기에는 목사가 도대체 이 세상에서 무엇하는 사람인지 도무지 이해가 되지 않는 시대이었을 것입니다. 지금도 일본에는 목회자가 도저히 교회가 주는 생활비로는 생활이 되지 않아서 여러 가지 아르바이트를 하는 경우가 많다고 합니다.

그런데 지금으로부터 2000년 전에 교인들이라고 해 봐야 몇 십 명 되지도 않고 그나마 모두 노예들이거나 가난한 부인들인 이런 교회에서 목회자에 대한 인식이나 대우라고 하는 것은 정말 상상할 수 없을 정도로 비참한 수준이었을 것입니다. 특히 그 당시에는 사회적으로 아테네 같은 도시의 대학에 유학한 사람들이라야 지식인으로 알아주었을 것입니다. 그 뿐만아니라 돈이 많고 권력이 있는 사람들이 사회적으로 큰 소리를 치는 세상이었습니다. 이런 시대에 그야말로 가난하고 세상 지식도 없는 디모데 같은 목회자야말로 세상에서는 거의 미미한 존재나 다를 바가 없었습니다. 그러나 사도 바울은 디모데에게 힘차게 전도인의 일과 목회자의 일을 잘 감당하라고 말씀하고 있습니다. 왜냐하면 그는 하나님 앞에서 가장 위대한 일을 맡은 자이기 때문입니다.

목회자의 사명.

"하나님 앞과 산 자와 죽은 자를 심판하실 그리스도 예수 앞에서 그의 나타나실 것과 그의 나라를 두고 엄히 명하노니 너는 말씀을 전파하라"(1-2절)

우선 목회자에게 가장 힘이 든 것은 자신의 정체성이 분명치 않을 때일 것입니다. 이 세상에서 다른 직업을 가진 사람들은 무엇인가 분명히 하는 것이 있습니다. 교수라든지 변호사라든지 의사라든지 무엇인가 분명히 하는 일이 있습니다. 그러나 목회라는 것은 이 세상의 직업이 아닙니다. 그래서 일단 세상 사람들이 보기에 목회자라고 하는 사람이 무엇을 하는 사람인지 알 수가 없고 목회자 자신도 자신의 정체성에 대하여 많은 혼란을 겪을 때가 있습니다.

목회라고 하는 것은 세상의 직업이 아니고 하나님이 주신 부르심입니다.

특히 목회는 오직 한 권의 책을 위해서 부름을 받은 직업입니다.

사도 바울은 디모데에게 가장 엄숙한 명령을 하고 있습니다. 즉 '하나님 앞과 산 자와 죽은 자를 심판하실 그리스도 앞에서 그의 재림과 그의 영원한 나라를 두고' 명령을 하고 있습니다. 그 이유는 목회자라고 하는 직업이 이 세상에는 아무도 알아주는 사람이 없고 무시당하고 천시 당한다 할지라도 영원하신 하나님 앞과 그리스도 앞에서는 하나님을 대리하는 사자의 역할을 하기 때문입니다. 목회자는 가장 중요한 하나님의 말씀을 맡은 자입니다.

이미 사도 바울은 '모든 성경은 하나님의 감동으로 되었다'라고 말을 했습니다. 목회자는 다른 일을 위하여 부름을 받은 것이 아니라 오직 성경책 한 권에 자신의 모든 지혜와 열정과 믿음을 다 바치기 위해서 하나님께서 부르신 것입니다. 그래서 목회자가 되는데 있어서 가장 중요한 것은 자기가 하나님의 말씀을 위해서 부르심을 받았다는 확신이 있어야 하는 것입니다.

목회자는 사람을 기쁘게 하고 행복하게 하기 위해서 부르심을 받은 사람이 아닙니다. 하나님과 그리스도 앞에서 하나님의 말씀을 설교하기 위해서 부르심을 받은 것입니다. 그래서 설교할 때마다 내가 하나님 앞과 그리스도 앞에서 이 말씀을 전한다는 하나님의 임재의 느낌이 있어야 합니다. 그리고 한 걸음 더 나아가서 하나님의 말씀을 전하지 않으면 속이 타서 죽을 것 같은 불이 있어야 합니다. 그래야 목회의 길을 끝까지 감당을 할 수가 있습니다.

목회자에게 가장 신비로운 것은 설교를 할 때 내가 하나님 앞과 그리스도 앞에서 한다는 하나님의 임재의 느낌을 가지는 것입니다. 지금 내가 설교를 하는데 눈앞에 하나님이 앉아계시고 그리스도가 그곳에 임재해 계시는 느낌이 들어야 합니다.

만약 어떤 학생이 다른 학생 앞에서 무슨 발표를 하는데 그 앞에 아주 권위 있는 세계적인 학자가 앉아계시고 지도 교수가 앉아계신다면 기분이 어떻겠습니까? 아마 한편으로는 너무나도 두려우면서도 다른 한편으로는 너무나도 짜릿하고 신이 날 것입니다.

하나님께서 인간들에게 주신 축복 중에서 최고의 축복은 바로 이 성경책입니다. 성경을 설교한다는 것은 하나님의 보물을 캐내어서 사람들에게 나누어주는 것입니다. 이 세상에 어떤 지식이나 어떤 지혜를 가지고서도 사람들의 영혼을 고칠 수는 없습니다. 아무리 하버드 대학이나 옥스퍼드 대학이라 하더라도 그곳에서 영혼이 변하고 성령의 임재 하는 강의는 없습니다. 이것은 오직 하나님의 말씀만 할 수 있는 것입니다. 사도 바울은 '모든 성경은 하나님의 감동으로 된 것으로 교훈과 책망과 바르게 함과 의로 교육하기에 유익하니'라고 했습니다.

성경은 영혼을 치료하는 책이며 사람을 변화시키는 말씀입니다. 단지 세상 사람들이 그 가치를 알아주지 않을 뿐입니다. 이것을 목회자는 각오를 해야 합니다. 그래서 나의 일을 '하나님과 그리스도와 그의 나타나심과 그의 나라'를 위해서 특별한 일이라는 것을 믿어야 합니다.

그리고 목회자에게 가장 중요한 것은 '말씀을 전파하는 것'입니다. 왜냐하면 하나님께서 목회자를 세우신 이유가 오직 이 한 권의 책을 위해서 부르셨기 때문입니다.

특히 목회자에게는 할 일이 많습니다. 교인들의 심방도 해야 하고 행정적인 일도 해야 하고 여러 가지 모임에도 나가야 할 것입니다. 그러나 목회자에게 가장 중요한 일은 말씀을 전하는 것입니다. 왜냐하면 하나님의 백성들은 하나님의 말씀을 들어야 살 수 있기 때문입니다. 또한 하나님의 말씀만이 우리의 죄를 치료하고 성령의 능력이 임하게 할 수 있기 때문입니다.

그래서 목회자의 일은 철저하게 외로울 수밖에 없습니다. 왜냐하면 먼저 자신이 서재에서 하나님의 말씀을 연구하고 먹어야 하기 때문입니다. 이것은 대단히 외로운 작업입니다. 이것은 마치 비유를 들면 석유를 파내기 위해서 기술자들이 아무도 없는 사막이나 혹은 바다 위에 있는 시추선 위에서 몇 달씩 있어야 하는 것과 같습니다. 사람들은 남들이 퍼 올린 기름을 가지고 드라이브를 해서 달리는 것은 좋아하지만 혼자 외롭게 기름을 퍼 올리기 위해서 유전에서 고생하는 기술자는 별로 생각하지 않습니다. 그러나 목회자가 하나님의 말씀을 퍼 올리지 않으면 결국 사람의 영혼은 죽을 수 밖에 없습니다. 그리고 목회자의 사명은 마치 외로운 등대지기가 사람들을 다 뒤로 하고 등대에서 가서 불을 밝히는 것과 같습니다. 사람들은 모여서 술을 마시거나 어울려 놀기를 바라지만 등대지기는 등대를 밝혀야만 배들이 암초에 부딪치지 않는 것입니다.

하나님의 말씀은 절대로 그냥 나오지 않습니다. 이 말씀 속을 파고 들어가야 합니다. 그래서 말씀의 보화를 캐내어서 교인들에게 나누어주면 교인들은 그 말씀을 먹고 힘을 내고 승리하는 삶을 살게 되는 것입니다. 그러나 목회자는 계속 어두운 갱 속에서 말씀을 캐내는 일을 해야 합니다. 이것이 싫어서 그만 두면 결국 교인들은 모두 말씀에 굶주리게 되고 세상도 암흑기가 찾아 오게 되는 것입니다.

"너는 말씀을 전파하라. 때를 얻든지 못 얻든지 항상 힘쓰라"(2절)

이 세상의 부흥은 하나님의 말씀의 씨를 뿌리는 것을 통해서 나타나게 됩니다. 처음 씨를 뿌리면 아무 것도 나오지 않고 괜히 씨만 허비한 것 같지만 시간이 조금 지나서 비가 오고 온도가 올라가면 땅을 뚫고 싹이 올라오게 됩니다. 그리고는 엄청난 열매가 맺히게 됩니다. 그래서 목회자는 반드시 말씀을 선포하는 목회를 해야 부흥의 결실을 가져올 수 있습니다. 여기서 '때를 얻든지 못 얻든지'라고 하는 것은 말씀에 대한 사람들의 반응이 좋아서 정상적으로 목회를 할 수 있을 때든지 아니면 처음 교회를 개척하거나 혹은 다른 곳에서 선교를 해야 할 때이거나 항상 목회자는 하나님의 말씀을 가지고 선포하는 목회를 하라는 것입니다. 그러면 처음에는 정말 눈물로 씨를 뿌리게 될 것입니다. 사람들은 알아주지도 않고 나타나는 결과도 별로 없을 것입니다. 그러나 어느 정도 시간이 지나면 놀라운 변화와 부흥의 축복이 나타나게 됩니다.

그래서 목회자는 항상 하나님의 말씀을 중심으로 하면서 오래 인내를 해야 합니다.

'범사에 오래 참음과 가르침으로 경책하며 경계하며 권하라' (2절)

말씀을 전하는 자는 오래 참아야 합니다. 왜냐하면 뿌려진 씨가 금방 열매가 되는 것이 아니기 때문입니다. 그러나 말씀은 하나이지만 가르치는 방법은 다양할 수 있습니다. 여기에 네 가지가 나오는데 목회의 아주 중요한 기법들입니다. '가르침으로 경책하며 경계하며 권하라'

대개 교인들이 세상에서 겪는 것은 어려운 일을 당해서 낙심하는 경우도 있고 길을 몰라서 방황하는 경우도 있습니다. 혹은 죄를 지어서 어려움에 빠진 경우도 있고 정신적인 문제로 고통 받는 경우도 있습니다. 그래서 미리 교육을 잘 시키면 탈선이나 위험에 빠지는 것을 예방할 수 있습니다. 이것은 잘 가르쳐주는 것입니다. 그리고 사업의 실패나 질병으로 낙심해 있을 때에는 찾아가서 잘 권면해주면 힘을 냅니다. 그리고 죄에 빠졌을 때에는 따끔하게 책망을 해주어야 합니다. 그리고 정신적인 문제로 고통 받고 있을 때에는 주의를 주고 심한 경우에는 정신 치료도 겸하게 받게 해야 합니다. 이 네 가지 경우가 사실 목회의 가장 중요한 기법인 것입니다.

"그러나 너는 모든 일에 근신하여 고난을 받으며 전도인의 일을 하며 네 직무를 다하라"(5절)

목회자가 근신한다는 것은 죄를 멀리하고 어떻게 하든지 자기 자신의 영혼이나 삶을 깨끗하게 하는 것입니다. 그 이유는 하나님의 진리는 모두 목회자의 인격을 관통하기 때문입니다. 아기를 가진 엄마는 모든 것을 조심해야 할 것입니다. 왜냐하면 모든 것이 아기에게 그대로 영향을 미치기 때문입니다. 만약 아기 엄마가 술을 마시면 아기에게 그대로 영향을 주게 될 것입니다. 젖을 먹이는 엄마가 커피를 많이 마시면 아기는 흥분이 되어서 잠을 잘 자지 않을 것입니다. 엄마가 담배를 피우면 아이에게도 그대로 영향을 줄 것입니다. 만약 목회자의 영적인 상태가 깨끗지 못하면 교인들에게 오염된 말씀을 먹이게 될 것입니다. 그러면 교인들의 모두 병들게 되고 목회자 자신도 병들게 됩니다. 그리고 고난을 받아야 하는 이유는 일단 세상적으로 인정을 받지 못하는 자체가 고난이 될 수 있습니다. 목회자도 인간이기 때문에 세상에서 유명해 지고 싶은 욕망이 있을 것입니다. 이것과 싸우는 것이 고난의 하나일 것입니다. 그리고 또 하나는 교인들이 성숙할 때까지 그 모든 아픔과 갈등을 같이 다 겪어야 하는 것이 고난입니다. 교인 한 명이 아파도 그 아픔은 그대로 목회자에게 전달이 되고 또 교인들이 힘들게 할 때에도 그 고난은 혼자 당해야 하는 것입니다. 그리고 사단의 무시무시한 공격이 있는데 이것도 잘 감당을 해야 목회의 일을 해낼 수가 있습니다.

그런 가운데서도 전도인의 일을 해야 하고 자신의 직무를 다 감당해야 하는 것입니다.

목회의 암초.

목회라고 하는 것은 교인들과 함께 배를 몰고 험한 바다를 항해하는 것과 같습니다. 작은 배를 타고 큰 바다를 항해하다보면 많은 어려움이 있을 것입니다. 대개 목회자들이 목회를 하다가 중간에 실망하게 되는데 가장 큰 이유가 아마 목회의 열매가 없는 경우일 것입니다. 죽으라고 설교하고 전도하는데도 교인들이 전혀 늘지 않을 때 그는 중간에 포기하고 싶을 것입니다. 그리고 또 자기 자신에게 사명감이 없거나 혹은 심한 핍박이나 반대가 있을 때에도 낙심해서 포기하려고 할 것입니다. 혹은 동역자간의 오해나 갈등으로 중간에 포기를 하게 될 때도 있을 것입니다.

놀라운 것은 사도 바울이 2000년 전에 이미 이런 것에 대하여 모두 다 이야기를 해 놓았다는 사실입니다.

첫 번째가 목회에 열매가 없는 것입니다.

"때가 이르리니 사람이 바른 교훈을 받지 아니하며 귀가 가려워서 자기의 사욕을 좇을 스승을 많이 두고 또 그 귀를 진리에서 돌이켜 허탄한 이야기를 좇으리라"(3-4절)

사도 바울은 앞으로 교인들이 바른 말씀을 좋아하지 않을 때가 올 것이라고 했습니다. 여기에 말하는 '사람'은 안 믿는 사람도 말하지만 믿는 사람도 포함해서 말하는 것입니다. 사람들이 어느 정도 똑똑해지고 살만 하게 되면 바른 말씀을 좋아하지 않습니다. 왜냐하면 바른 말씀은 거의 죄를 책망하는 말씀이 많습니다. 그래서 이런 말씀을 들으면 자기가 야단을 맞는다라고 생각하는 것입니다. 사람들은 귀가 가려워서 귀를 즐겁게 해주는 이야기들을 좋아하고 허탄한 이야기들을 좋아합니다. 즉 간증이라든지 혹은 누가 성공한 그런 이야기들을 좋아합니다. 왜냐하면 그런 이야기들은 전혀 부담이 없기 때문입니다. 우리가 하나님의 말씀을 들으려고 하면 온 신경을 다 집중시켜야 하는데 늘 그렇게 하기는 힘이 드는 것입니다. 그래서 많은 목회자들이 사람들의 인기를 따라가기 쉽습니다. 그러나 그렇게 해서 성공하는 것은 나무나 풀이나 짚으로 집을 짓는 것입니다. 이렇게 해서 성공한 것은 시험의 불이 오면 금방 타서 아무 것도 남지 않게 됩니다. 반드시 하나님의 말씀으로 목회를 해야 영원히 없어지지 않는 집을 지을 수 있습니다.

만일 우리가 말씀으로 성전을 짓기만 하면 솔로몬이 받았던 것을 능가하는 복을 받을 수 있습니다. 하나님의 복이 무궁무진하게 쏟아 부어지게 될 것입니다.

그리고 두 번째는 반대하는 사람의 무지막지한 핍박입니다. 목회를 하다보면 반드시 사단의 가시같이 애를 먹이는 사람이 있습니다. 아니면 외부에서 아주 무식하게 공격하는 사람이 있습니다.

사도 바울에게는 구리 장색 알렉산더라는 사람이었습니다.

> "구리 장색 알렉산더가 내게 해를 많이 보였으매 주께서 그 행한 대로 그에게 갚으시리라"(14절)

구리 장색 알렉산더는 구리로 우상을 만드는 사람이었던 것 같습니다. 아무래도 우상 장사이니까 복음을 좋아할 리가 없었습니다. 그런데 이 우상 장사는 아주 심하게 바울을 대적하고 공격했던 것 같습니다. 이런 사람이 있으면 목회를 포기해야 하는 것이 아닌가 하는 생각을 하게 됩니다. 결국 목회는 믿음의 파워입니다. 이런 대적하는 사람을 이기지 못하면 중도 하차할 수밖에 없습니다. 이미 마가는 바울의 1차 전도 여행에서 엘루마라는 박수가 바울을 대적하는 것을 보고 자신을 잃고 선교 여행을 포기한 적이 있었습니다.

그리고 세 번째는 다른 목회자들의 오해나 갈등 혹은 섭섭한 마음 같은 것으로 상처를 입고 중도하차할 수 있습니다.

> "데마는 이 세상을 사랑하여 나를 버리고 데살로니가로 갔고 그레스게는 갈라디아로, 디도는 달마디아로 갔고 누가만 나와 함께 있느니라"(9-10절)

> "내가 처음 변명할 때에 나와 함께한 자가 하나도 없고 다 나를 버렸으나 저희에게 허물을 돌리지 않기를 원하노라"(16절)

사도 바울이 감옥에 갇히니까 주위의 인심이 많이 변하게 되었습니다. 그래서 많은 사람들이 사도 바울을 버리고 다른 곳으로 갔고 심지어는 처음 공판을 할 때 분위기가 너무나도 무시무시했는데 아무도 거기에 나오지 않아서 사도 바울 혼자 공판을 받기도 했던 것입니다.

우리는 사도 바울이 완전해서 다른 아무 사람의 도움이 필요 없는 줄 알지만 그도 위로가 필요했고 격려가 필요했고 때로는 동료들의 지원 사격이 필요했던 것입니다. 우리에게 있어서 성도의 교제가 얼마나 힘이 되는지 모릅니다. 만일 이것이 끊어져버리면 아무리 신앙이 좋은 사람도 맥을 추지 못하게 되는 것입니다.

데마는 바울이 참으로 아꼈음에도 불구하고 아예 신앙을 버리고 세상으로 가버렸습니다. 그리고 그레스게와 디도는 다른 곳으로 가게 되었습니다. 그때 바울은 아주 외롭고 힘들었던 것입니다.

특히 구리 장색 알렉산더나 1차 공판은 너무 힘들었던 것 같습니다.

"주께서 내 곁에 서서 나를 강건케 하심은 나로 말미암아 전도의 말씀이 온전히 전파되어 이방인으로 듣게 하심이니 내가 사자의 입에서 건지웠느니라"(17절)

사도 바울은 그 경험을 사자의 입이라고 말하고 있습니다. 그만큼 힘들었지만 주님이 옆에 계셔서 바울을 지켜주시고 복음을 잘 설명할 수 있게 하셨다고 말씀하고 있습니다.

요한 웨슬레나 찰스 웨슬레 형제 같은 경우에는 한창 부흥을 일으키고 있다가 이성적인 문제로 형제 사이가 나빠지면서 거의 결별하게 된 적이 있습니다. 때로는 목회자가 건강 악화나 혹은 유혹에 넘어가서 죄에 빠짐으로 중간에 도중하차할 수 있습니다.

사도 바울의 결산.

이제 사도 바울에게는 죽음이 거의 임박해오고 있었습니다. 사도 바울은 이제 자기가 지금까지 달려왔던 복음 전하는 일을 그만두어야 할 때가 왔습니다. 그래서 자기 자신의 믿음의 길에 대하여 결산을 합니다.

> "관제와 같이 벌써 내가 부음이 되고 나의 떠날 기약이 가까웠도다. 내가 선한 싸움을 싸우고 나의 달려갈 길을 마치고 믿음을 지켰으니 이제 후로는 나를 위하여 의의 면류관이 예비되었으므로 주 곧 의로우신 재판장이 그 날에 내게 주실 것이니 내게만 아니라 주의 나타나심을 사모하는 모든 자에게니라"(6-8절)

사도 바울은 자신의 죽음을 앞두고 이 세상에서 주님이 주신 사명을 끝까지 완수한 사람으로 자신을 평가하고 있습니다. 마치 그는 마라톤 경기를 끝내고 드디어 결승점에 도달한 마라톤 선수처럼 자신을 비유하고 있습니다.

사도 바울은 자신의 죽음에 대하여 두 가지로 표현을 하고 있습니다. 하나는 제사 때 쓰는 표현이고 다른 하나는 여행에 쓰는 표현입니다.

'내가 관제와 같이 부음이 되고'. 관제라는 것은 제물을 다 태우고 난 후에 마지막으로 그 위에 포도주를 붓는 것입니다. 그러면 제물이 타고 난 후에 포도주가 타는 향기가 진동을 하게 됩니다. 이것은 일종의 제사의 클라이맥스였습니다. 사실 그리스도인들은 죽는 것이 굉장히 중요하고 잘 죽어야 합니다. 죽을 때 향기가 나야지 죽을 때 잘못 죽으면 평생 수고한 것을 다 수포로 돌아가게 할 수 있습니다. 그런데 죽음 중에서 최고의 죽음은 역시 순교였습니다. 그리고 떠날 기약이 다 되었다고 말을 하고 있습니다. 이것은 멋진 여행을 위해서 배가 출발할 준비가 다 되었다는 뜻입니다. 죽음은 주님께로 가는 멋진 여행인 것입니다. 우리 성도들이 죽는 것은 멋진 수학여행을 떠나는 것과 같습니다. 참으로 신나는 경험인 것입니다.

사도 바울은 자신의 사역에 대하여는 먼저는 전투적인 의미로 표현을 하고 있습니다. 즉 자기는 선한 싸움을 다 싸웠다는 것입니다. 복음을 가지고 끝까지 마귀와 싸우고 죄와 싸우고 끝까지 충성을 다한 것입니다. 우리 믿는 자들은 모두 예수님의 기사들입니다. 끝까지 선한 싸움을 싸우고 멋진 죽음을 맞이해야 하는 것입니다. 그리고 달리기 경기에 비유하면서 먼 마라톤 경기를 잘 달려 왔다고 말을 하고 있습니다. 보통 마라톤 경기는 세 시간 정도 쉬지 않고 달리는 것입니다. 마라톤은 자기 자신과의 긴 싸움입니다. 달리기를 하다보면 중간에 포기하고 싶은 마음이 얼마나 많이 생기는지 모릅니다. 그러나 우리 믿음의 경주는 이십년이나 삼십년을 쉬지 않고 달리는 장거리 경주인 것입니다. 이제는 나를 위해서 의의 면류관이 준비되어 있다고 자신 있게 말을 하고 있습니다. 참으로 멋진 결산이었습니다.

  그리고 바울의 마지막 부탁은 너무나도 소박한 것이었습니다.

> "네가 올 때에 내가 드로아가보의 집에 둔 겉옷을 가지고 오고 또 책은 특별히 가죽 종이에 쓴 것을 가져오라"(13절)

  이제 겨울이 오고 있습니다. 특히 겨울의 감옥은 몹시도 춥습니다. 그래서 바울은 월동을 할 수 있도록 겉옷을 갖다 달라고 합니다. 그리고 그의 나머지 인생을 두루마리에 적힌 하나님의 말씀을 읽으면서 마치기 위해서 책을 가져오라고 부탁을 하고 있습니다.
  저와 여러분 모두는 주님이 주신 이 선한 싸움을 끝까지 잘 마치고 의의 면류관을 다 받아야 할 것입니다.